John D. Rockefeller

[美] 约翰·D·洛克菲勒 著　马剑涛 肖文键 ◎ 编译

洛克菲勒
给子女的一生忠告

人类历史上第一位亿万富翁讲给子女们听的奋斗史

中国华侨出版社

图书在版编目（CIP）数据

洛克菲勒给子女的一生忠告/（美）洛克菲勒（Rockefeller, J.D.）著；马剑涛，肖文键编译. —北京：中国华侨出版社，2010.4
ISBN 978-7-5113-0309-7

I. ①洛… II. ①洛… ②马… ③肖… III. ①洛克菲勒，J.D.（1839~1937）—生平事迹 ②家庭教育—美国 IV. ①K837.125.38 ②G78

中国版本图书馆CIP数据核字（2010）第044416号

洛克菲勒给子女的一生忠告

著　者 /（美）洛克菲勒（Rockefeller, J.D.）
编　译 / 马剑涛　肖文键
责任编辑 / 陆　恬
经　销 / 新华书店
开　本 / 787毫米×1092毫米　　16开　　印张 / 16　　字数 / 250千字
印　刷 / 大厂回族自治县彩虹印刷有限公司
版　次 / 2010年5月第1版　　2020年9月第2次印刷
书　号 / ISBN 978-7-5113-0309-7
定　价 / 32.00元

中国华侨出版社　北京市朝阳区西坝河东里77号楼底商5号　邮　编：100028
法律顾问：陈鹰律师事务所
编辑部：（010）64443056　　传真：（010）64439708
发行部：（010）64443051
网　址：www.oveaschin.com
E-mail：oveaschin@sina.com

前言
John D. Rockefeller

历史上最富有的美国人究竟是谁？世界著名财经杂志《福布斯》近期给出了答案——他就是约翰·D.洛克菲勒（1839~1937）。福布斯排行榜所引用的个人资产总额均为上榜富豪巅峰期的数据，为了更准确地反映出他们对于美国经济的影响，福布斯对照当时的美国国内生产总值（GDP），将所有人的个人资产转化为2006年的美元标准。因此，如果约翰·D.洛克菲勒今天仍然健在，他的个人资产将是比尔·盖茨的数倍。

美国早期的富豪，多半靠机遇成功，唯有约翰·洛克菲勒例外。他并非多才多艺，但异常冷静、精明，富有远见，凭借自己独有的魄力和手段，白手起家，一步一步地建立起他那庞大的石油帝国。在他漫长的一生中，人们对他毁誉参半，有人认为他只不过是极具野心、唯利是图的企业家，也有人恭维他是个慷慨的慈善家。

约翰·洛克菲勒出生于纽约州里奇福德镇，父亲威廉·埃弗里·洛克菲勒是一个无执照的游医，母亲伊莱扎·戴维森是一个虔诚的浸礼会教徒。由于其父缺乏责任心，长年在外以药贩身份流浪，导致家庭生活艰难。母亲伊莱扎肩负起养家糊口的繁重任务，独自抚养五个子女。

洛克菲勒作为长子，从父亲那里学会了讲求实际的经商之道，又从母亲那里学到了精细、节俭、守信用、一丝不苟的长处,这对他日后的成功产生了莫大的影响。幼年时,洛克菲勒曾将自己捉到的小火鸡精心喂养,挑好的在集市上出售。12岁时积蓄了50美元,他把钱借给邻居,收取本息。

1855年,由于其父的原因洛克菲勒不能继续上学,离7月16日高中毕业典礼只差两个月。约翰听从父亲的建议,花了40元钱在福尔索姆商业学院克里夫兰分校读了一个为期三个月的课程。

1858年,洛克菲勒以800美元的积蓄加上从父亲那里以一分利借来的1000美元,同克拉克合伙成立了克拉克—洛克菲勒公司,主要经营农产品。他未参加南北战争,却在战争期间赚取了丰厚利润,1862年公司利润达到17000美元。

1897年,从标准石油公司退休后,洛克菲勒专注于慈善事业。中国在洛克菲勒基金会的海外投资中独占鳌头。众所周知的是,北京协和医院及医学院是洛克菲勒基金会在中国最大、最著名的一项事业;鲜为人知的是,周口店"北京人"的挖掘和考古工作,洛克菲勒基金会从一开始就参与其中。

约翰·洛克菲勒曾说,赚钱的能力是上帝赐给洛克菲勒家族的一份礼物。出于对家族的责任感,年迈体衰的老洛克菲勒后来把这种人生观传递给了他唯一的儿子——小约翰·D.洛克菲勒。劳伦斯也从祖父那里继承了赚钱的天赋,他的名下拥有15亿美元的资产,在《福布斯》全球587位亿万富翁中排名第377位。

2004年7月11日,坐拥亿万家财、在美国叱咤风云的劳伦斯·洛克菲勒在睡梦中与世长辞,享年94岁。这位洛克菲勒家族的第3代传人,尽管含着金钥匙出生,却绝不是一位纨绔子弟,他在有生之年不仅开了风险投资的先河,还为美国的环保及慈善事业做出了不朽的贡献。

对于中国人来说,"富不过三代"似乎是铁一样的定律,然而洛克菲勒家族从发迹至今已经绵延六代,仍未现颓废和没落的迹象。这与他们的财富观念和从小对子女的教育息息相关。他们的家族崇尚节俭并热衷创造财富。这两点从洛克菲勒家族的中兴之主劳伦斯·洛克菲勒的一生中体现得尤其充分。

洛克菲勒家族的子孙之所以能获得日后非凡的成就,和他们自小受到的家庭教育有很大关系。为了避免孩子被家族的光环宠坏,不管是老约翰·洛克菲勒还是小约翰·洛克菲勒,在教子方面相当花心思,并有一套祖传教育计划。老约翰·洛克菲勒每星期只给孩子5美元零花钱,并且要求孩子记账。小约翰·洛克菲勒鼓励劳伦斯等孩子做家务挣钱:逮到走廊上的苍蝇,每100只奖一角钱;捉住阁楼上的老鼠每只5分;背柴禾、劈柴禾也有价钱。劳伦斯和哥哥纳尔逊,分别在7岁和9岁时取得了擦全家皮鞋的特许权,每双皮鞋2分,长筒靴每双1角。

作为浸礼会教友,洛克菲勒家族抵制跳舞和酗酒,因此在他们的家里看不见富人豪宅里常有的舞厅和酒吧。虔诚的宗教信仰,令洛克菲勒家族在优越的生活中依然保持节约。

约翰·洛克菲勒虽然在商界创造出辉煌的成绩,但他同样是现代商业史上最富争议的人物之一。一方面,他创建的标准石油公司,在巅峰时期曾垄断全美80%的炼油工业和90%的油管生意。另一方面,洛克菲勒笃信基督教,以他名字命名的基金会,秉承"在全世界造福人类"的宗旨,捐款总额高达5亿美元。这种看似相互冲突的精神状态,使洛克菲勒的创业史在美国早期富豪中颇具代表性:异常冷静、精明,富有远见,凭借独有的魄力和手段,一步步建立起庞大的商业帝国。洛克菲勒说:"如果把我剥得一文不名丢在沙漠的中央,只要一行驼队经过——我就可以重建整个王朝。"

在今天的美国,要完全躲避洛克菲勒家族的影响几乎是不可能的,毫不夸张地说,洛克菲勒家族在过去150年的发展史就是整个美国历史的一个精确的缩影,并且已经成为美国国家精神的杰出代表。

目录 John D. Rockefeller

CONTENTS

上篇
洛克菲勒写给儿子的38封信　　1

01 做善于装傻的聪明人　　3
02 人生乐趣源于对工作的态度　　7
03 自己要看重自己　　11
04 善始不代表善终　　15
05 不要拖延，马上采取行动　　19
06 幸运之神眷顾勇者　　24
07 要成功就要敢于冒险　　28
08 用积极的心态面对失败　　31
09 只有自己才最忠实于自己　　34
10 幸运是精心策划的结果　　37
11 要有接受挑战的决心　　41
12 蒙羞并不是一件坏事　　45
13 交易的真谛在于交换价值　　49
14 要具备合作精神　　53
15 不与消极的人为伍　　57
16 做目的主义者　　61

17	忍耐是一种策略	65
18	信心驱使我们走向成功	69
19	找出把事情做得更好的方法	73
20	永远做策略性思考	76
21	不为失败找借口	80
22	人人都可以成为大人物	85
23	追逐财富，做金钱的主人	91
24	财富是勤奋的副产品	95
25	财富越大责任越大	98
26	结束只是开始	101
27	只有放弃才是真的失败	105
28	认清职责，拒绝责难	108
29	天下没有免费的午餐	112
30	善于发现并利用部属的优点	116
31	珍惜时间和金钱	119
32	充实自己的心灵	123
33	给"贪心"保留一个位置	127
34	地狱里住满了好人	132
35	把部属放在第一位	136
36	成功的种子就在自己手中	139
37	别丢掉雄心和目标	143
38	敢于冒险才能利用机会	147

目录  John D. Rockefeller

CONTENTS

下篇
洛克菲勒的教子法则　　151

- 01 梦想起飞于正确的人生规划　　153
- 02 不仅要有目标，更要采取行动　　156
- 03 人生大都是迂回曲折前进的　　159
- 04 远离毒品和酒精　　162
- 05 要想获得成功应做好准备　　165
- 06 勤奋没有替代品　　168
- 07 读书是磨炼经营手腕的捷径　　171
- 08 让所有参与者都受益　　174
- 09 成功者必备的条件是敢出风头　　177
- 10 成功人士都是从做小人物开始的　　180
- 11 不断学习，不要虚度光阴　　183
- 12 让对手与你握手言和　　186
- 13 婚姻是人生最重要的投资　　189
- 14 慎重地对待合伙经营的诱惑　　192
- 15 成由勤俭败由奢　　195
- 16 友谊是事业成功的助动力　　198

17 以谋求最高职位为目标 202
18 事业金字塔的建立需知人善用 205
19 创造力是事业成功的保障 208
20 了解和关心团队中的每一位成员 211
21 成为一位出色领导者的要领 214
22 犹豫一刻可能错失千金 217
23 无诚信者将在企业界无处藏身 220
24 男权主义和过度女性解放都应摒弃 223
25 用心面对平平淡淡的婚姻生活 226
26 勇于倾听部下的不同声音 229
27 天赐特权：为人父母 232
28 善待自己，善待自己的一生 235
29 独乐乐不如众乐乐 238

后　记 241

上篇

洛克菲勒写给儿子的38封信

01
做善于装傻的聪明人

- 知识原本是空的,除非把知识付诸行动,否则什么事都不会发生。
- 教科书上的知识几乎都是那些皓首穷经的知识匠人在象牙塔里编撰出来的,它难以帮你解决实际问题。
- 在苦难中向上攀爬的人,知道什么叫千方百计地去寻找方法、手段,让自己得救。
- 只有长时间地吃苦,才有长时间的收获。
- 做好小事是做成大事的基石。
- 一头猪好好被夸奖一番,它就能爬到树上去。
- 每一次说"不懂"的机会,都会成为我们人生的转折点。
- 装傻的含义,是摆低姿态,变得谦虚,换句话说,就是瞒住你的聪明。

October 9,1890

亲爱的约翰:

明天,我要回老家克里夫兰处理一些家族的事情。我希望在此期间,你能代我打理一些事务。但我提醒你,如果你遇到某些棘手或自己拿不定主意的事情,你要多向盖茨先生请教和咨询。

盖茨先生是我最得力的助手,他忠实真诚、直言不讳、尽职尽责,而且精明干练，总能帮我做出明智的抉择，我非常信任他，我相信他一定会对你大有帮助，前提是你要尊重他。

儿子，我知道你是布朗大学的优秀毕业生，你在经济学与社会学方面的知识可谓优秀。但是，你应该清楚，知识原本是空的，除非把知识付诸行动，否则什么事都不会发生。而且，教科书上的知识几乎都是那些皓首穷经的知识匠人在象牙塔里编撰出来的，它难以帮你解决实际问题。

我希望你能去除对知识、学问的依赖心理，这是你走上人生坦途的关键。

你需要知道，学问本身并不怎么样，学问必须加以活用，才能发挥作用，要成为能够活用学问的人，你必须首先成为具有实干能力的人。

那么实干能力从哪里来呢？在我看来它就潜藏在吃苦之中。我的经验告诉我，走过艰难之路——布满艰辛、不幸、失败和困难的道路，不仅会铸就我们坚强的性格，我们赖以成就大事的实干能力亦将应运而生。在苦难中向上攀爬的人，知道什么叫千方百计地去寻找方法、手段，让自己得救。处心积虑地去吃苦，是我笃信的成功信条之一。

也许你会讥讽我，认为没有比想吃苦再傻的了。不！没有不幸体验的人，反而不幸。很多事情都是来得快去得也快，那些实现了一夜成名、一夜暴富梦想的人们，有谁不是很快就销声匿迹了？吃苦所得到的，是将你的事业大厦建筑在坚实的地面上，而不是流沙里。人要有远见，只有长时间地吃苦，才有长时间的收获。

我相信你已经发现了，自你到我身边工作以来，我并没有给予你重担去挑。但这并不表明我怀疑你的能力，我只是希望你善于做小事而已。

做好小事是做成大事的基石。如果你从一开始就高高在上，就无法体贴部属的心情，也就不能真正地活用别人。在这个世界上要活下去，要创造成就，你必须借助于人力，即别人的力量，但你必须从做小事开始，才会了解当部属的心情，等你有一天走上更高的职位，你就知道如何让他们贡献出全部的工作热情了。

儿子，世界上只有两种头脑聪明的人：一种是活用自己的聪明人，例如艺术家、学者、演员；一种是活用别人的聪明人，例如经营者、领导者。后一种人需要一种特殊的能力——抓住人心的能力。但很多领导者都是聪明的傻瓜，他们以为要抓住人心，就得依据由上而下的指挥方式。在我看来，这非但不能得到领导力，反而会降低很多。要知道，每个人对自己受到轻视都非常敏感，被看矮一截会丧失干劲。这样的领导者只会使部属无能。

一头猪好好被夸奖一番，它就能爬到树上去。善于驱使别人的经营者、领导者或大有作为的人，一向宽宏大量，他们懂得高看别人和赞美他人的艺术。这意味着他们要有感情的付出。而付出深厚的感情的领导者最终必赢得胜利，并获得部属更多敬重。

没有知识的人终无大用，但有知识的人很可能成为知识的奴隶。每个人都需要知道，一切的知识都会转化为先入为主的观念，结果是形成一边倒的保守心理，认为"我懂""我了解""社会本来就是这样"。有了"懂"的感觉，就会缺乏想要知道的兴趣，没有兴趣就将丧失前进的动力，等待他的也只剩下百无聊赖了。这就是因为不懂才成功的道理。

但是，受自尊心、荣誉感的支配，很多有知识的人对"不懂"总是难以启齿，好像向别人请教，表示自己不懂，是见不得人的事，甚至把无知当罪恶。这是自作聪明，这种人永远都不会理解那句伟大的格言——每一次说"不懂"的机会，都会成为我们人生的转折点。

自作聪明的人是傻瓜，懂得装傻的人才是真聪明。如果把聪明视为可以捞到好处的标准，那我显然不是一个傻瓜。

直到今天我都能清晰记得一次装傻的情景，当时我正为如何筹借到一万五千元钱大伤脑筋，走在大街上我都在苦思冥想这个问题。说来有意思，正当我满脑子闪动着借钱、借钱的念头时，有位银行家拦住了我的去路，他在马车上低声问我："你想不想用五万元钱，洛克菲勒先生？"我交了好运吗？我有点不相信自己的耳朵。但在那一瞬间我没有表现出丝毫的急切，我看了看对方的脸，慢条斯理地告诉他："是这样……你能给我二十四小时考虑一下吗？"结果，我以最有利于我的条件与他达成了借款合同。

装傻带给你的好处很多很多。装傻的含义，是摆低姿态，变得谦虚，换句话说，就是瞒住你的聪明。越是聪明的人越有装傻的必要，因为就像那句格言所说的——越是成熟的稻子，越垂下稻穗。

儿子，有了爱好，然后才能做得轻巧。现在，就开始热爱装傻吧！

我料想得到,在我离开的日子里,让你独当一面对你而言绝非易事,但这没有什么。"让我等等再说",是我在经商中始终奉行的格言。我做事总有一个习惯,在做决定之前,我总会冷静地思考、判断,但我一旦做出决定,就将义无反顾地执行到底。我相信你也能行。

爱你的父亲

02
人生乐趣源于对工作的态度

- 失去工作就等于失去快乐,但是令人遗憾的是,有些人却要在失业之后,才能体会到这一点。
- 我从未尝过失业的滋味,这并非我运气好,而在于我从不把工作视为毫无乐趣的苦役,却因此能从工作中找到无限的快乐。
- 工作以最卑微的储蓄的形式表现出来,并奠定幸福的基础,工作是增添生命味道的食盐。
- 不管一个人的野心有多么大,他至少要先起步,才能到达高峰。
- 收入只是你工作的副产品,做好你该做的事,出色完成你该完成的工作,理想的薪金必然会来。
- 工作是一种态度,它决定了我们快乐与否。
- 如果你视工作为一种乐趣,人生就是天堂;如果你视工作为一种义务,人生就是地狱。

November 9,1897

亲爱的约翰:

我曾经看过这么一则寓言,读来很有意味,也让我感触良多。

在古老的欧洲,有一个人在他死的时候,发现自己来到一个美妙而又能享受一切的地方。他刚踏进那片乐土,就有个看似侍者模样的人走过来问他："先生，您有什么需要吗？在这里您可以拥有一切您想要的：所有的美味佳肴，所有可能的娱乐以及各式各样的消遣，其中不乏妙龄美女，都可以让您尽情享用。"

这个人听了以后，感到有些惊奇，但非常高兴，他暗自窃喜：这不正是我在人世间的梦想嘛！一整天他都在品尝所有的佳肴美食，同时尽享美色的滋味。然而，有一天，他却对这一切感到索然无味了，于是他就对侍者说："我对这一切感到很厌烦，我需要做一些事情。你可以给我找一份工作做吗？"

他没想到，这位侍者模样的人却摇了摇头："很抱歉，先生。这是我们这里唯一不能为您做的，这里没有工作可以给您。"

这个人非常沮丧，并愤怒地挥动着手说："这真是太糟糕了！那我干脆待在地狱里好了！"

"您以为这里是什么地方呢？"那位侍者温和地回答。

约翰，这则很富幽默感的寓言似乎告诉我：失去工作就等于失去快乐，但是令人遗憾的是，有些人却要在失业之后，才能体会到这一点。这真不幸！

我可以非常自豪地说，我从未尝过失业的滋味，这并非我运气好，而在于我从不把工作视为毫无乐趣的苦役，却因此能从工作中找到无限的快乐。

我认为，工作是一项特权，它带来比维持生活更多的事物。工作是所有生意的基础，所有繁荣的来源，也是天才的塑造者。工作使年轻人奋发有为，比他的父母做得更多，不管他们多么有钱。工作以最卑微的储蓄的形式表现出来，奠定幸福的基础。是增添生命味道的食盐。但人们必须先爱它，它才能给予人们最大的恩惠、最好的结果。

我初进商界时，时常听说，一个人想爬到高峰需要做很多牺牲。然而，岁月流逝，我开始了解到很多正爬向高峰的人，并不是在"付出代价"。他们努力工作是因为他们真正地喜爱工作。任何行业中往上爬的人都是完全投入正在做的事情，且专心致志。衷心喜爱从事的工作，自然也就成功了。

热爱工作是一种信念。怀着这个信念，我们能把绝望的大山凿成一块希望的磐石。一位伟大的画家说得好，"痛苦终将过去，但是美丽永存"。

但有些人显然不够聪明，他们有野心，却对工作过分挑剔，一直在寻找"完美的"雇主或工作。事实是，雇主需要准时工作、诚实而努力的雇员，他只将加薪与升迁机会留给那些格外努力、格外忠心、格外热心、花更多的时间做事的雇员，因为他在经营生意，而不是在做慈善事业，他需要的是那些更有价值的人。

不管一个人的野心有多么大，他至少要先起步，才能到达高峰。一旦起步，继续前进就不太困难了。工作越是困难或不愉快，越要立刻去做。等的时间越久，就变得越困难、可怕，这有点像打枪，你瞄的时间越长，射击的机会就越渺茫。

我永远也忘不了第一份工作——簿记员的经历，那时我虽然每天天刚蒙蒙亮就得去上班，办公室里点着的鲸油灯又很昏暗，但那份工作从未让我感到枯燥乏味，反而很令我着迷和喜悦，连办公室里的一切繁文缛节都不能让我对它失去热心。其结果是雇主不断地为我加薪。

收入只是你工作的副产品，做好你该做的事，出色完成你该完成的工作，理想的薪金必然会来。而更为重要的是，我们劳作的最高报酬，不是我们获得了什么，而是我们会因此成为什么。那些头脑活跃的人拼命劳作决不是只为了赚钱；使他们工作热情得以持续下去的东西要比只知敛财的欲望更为高尚——他们是在从事一项迷人的事业。

老实说，我是一个野心家，从小我就想成为巨富。对我来说，我受雇的休伊特—塔特尔公司是一个锻炼我的能力、让我一试身手的好地方。它代理各种商品销售，拥有一座铁矿，还经营着两项让它赖以生存的技术，那就是给美国经济带来革命性变化的铁路与电报。它把我带进了妙趣横生、广阔绚烂的商业世界，让我学会了尊重数字与事实，让我看到了运输业的威力，更培养了我作为商人应具备的能力与素养。所有的这些都在我以后的经商中发挥了极大作用。我可以说，没有在休伊特—塔特尔公司的历练，在事业上我或许要走很多弯路。

现在，每当想起休伊特和塔特尔两位先生时，我的内心就不禁涌起感恩之情，那段工作生涯是我一生奋斗的开端，为我打下了奋起的基础，我永远对那三年半的经历感激不尽。

所以，我从未像有些人那样抱怨他的雇主，说："我们只不过是奴隶，我们被雇主压在尘土上，他们却高高在上，在他们美丽的别墅里享乐；他们的保险柜里装满了黄金，他们所拥有的每一块钱，都是压榨我们这些诚实的工人得来的。"我不知道这些抱怨的人是否扪心自问：是谁给了你就业的机会？是谁给了你建设家庭的机会？是谁让你得到了发展自己的可能？如果你已经意识到了别人对你的压榨，那你为什么不结束压榨，一走了之？

工作是一种态度，它决定了我们快乐与否。同样都是石匠，同样在雕塑石像，如果你问他们："你在这做什么？"他们中的其中一位很可能会说："你看到了嘛，我正在凿石头，凿完这块我就可以回家了。"这种人永远视工作为惩罚，在他嘴里最常出现的一个字就是"累"。

另一个人则可能会说："你看到了嘛，我正在做雕像。这是一份很辛苦的工作，但是酬劳很高。毕竟我有太太和四个孩子，他们需要温饱。"这种人永远视工作为负担，在他嘴里经常出现的一个词就是"养家糊口"。

然而第三个人可能会放下锤子，骄傲地指着石像说："你看到了嘛，我正在做一件艺术品。"这种人永远以工作为荣、工作为乐，在他嘴里最有可能出现的一句话是"这个工作很有意义"。

无论天堂还是地狱都是由自己建造的。如果你赋予工作意义，不论工作大小，你都会感到快乐，自我设定的成绩不论高低，都会使人对工作产生乐趣；如果你不喜欢做的话，任何简单的事都会变得困难、无趣。当你叫喊着这个工作很累人时，即使你不卖力气，你也会感到精疲力竭，反之就大不相同。事情就是这样。

约翰，如果你视工作为一种乐趣，人生就是天堂；如果你视工作为一种义务，人生就是地狱。检视一下你的工作态度，那会让我们都感觉愉快。

爱你的父亲

03
自己要看重自己

- 我们思想的大小决定我们成就的大小。
- 认识到自己的缺失很好,可借此谋求改进。但是,如果我们仅仅认识到自己消极的一面,就会陷入混乱,使自己变得没有任何价值。
- 你怎么思想将会决定你怎么行动,你怎么行动将决定别人对你的看法。
- 一个人的自我观念就是他人格的核心,你们自己认为是怎么样的人,你们就真的会成为怎么样的人。
- 态度是我们每个人思想和精神因素的物化,它决定着我们的选择和行动。
- 所谓乐观是一种信念,那就是相信生活终究是乐多苦少,相信即使不如人愿的事屡屡发生,好事终将占得上风。
- 提高思考能力,会帮助他们提高各种行动的水准,使他们因而更大有作为。

July 19, 1897

亲爱的约翰:

　　沉浸在热烈、真挚的爱戴之中,真是美妙极了。今天,芝加哥大学的学生让我体味到了这种美妙的感受。姑且将其视为对我创建这所学府的回报吧,不过,这的确让我喜出望外。

真心而言，在我决定投资创建这所大学之前，我从未奢望在那里受到圣人般的礼遇，我的初衷只是想为将我们最优秀的文化传给青年一代做些什么，为我们的青年造就美好未来和为未来造就我们的青年一代做些什么。现在看来，我的目的达到了，这是我一生中最明智的投资。

芝加哥大学的青年人非常可爱，他们对未来充满美好的憧憬，都有要成就一番事业的动机。他们当中几个一脸稚气的男生跑向我说，我是他们的榜样，真诚地希望我能给他们一些建议。我接受了他们的请求，我忠告那些未来的洛克菲勒：

成功不是以一个人的身高、体重、学历或家庭背景来衡量，而是以他思想的"大小"来决定。我们思想的大小决定我们成就的大小。这其中最重要的一条就是我们要看重自己，克服人类最大的弱点——自贬，千万不要廉价出卖自己。你们比你们想象中的还要伟大，所以，要将你们的思想扩大到你们真实的程度，绝不要看轻自己。

这时掌声突然响起，我显然被它彻底俘虏了，以致得意忘形，管不住自己的舌头，我继续说：

几千年来，很多哲学家都忠告我们：要认识自己。但是，大部分的人都把它解释为仅仅认识自己消极的一面。大部分的自我评估都包括太多的缺点、错失与无能。认识到自己的缺失很好，可借此谋求改进。但是，如果我们仅仅认识到自己消极的一面，就会陷入混乱，使自己变得没有任何价值。

而对那些渴望别人尊重自己的人来说，现实却很残酷，因为别人对他的看法，与他对自己的看法相同。我们都会受到那种"我们自以为是怎样"的待遇。那些自以为比别人差一截的人，不管他实际上的能力到底怎样，一定会是比别人差一截的人，这是因为思想本身能调节并控制各种行动的缘故。

如果一个人自己觉得比不上别人，他就会表现出"真"的比不上别人的各种行动；而且这种感觉无法掩饰或隐瞒。那些自以为"不很重要"的人，就真的会成为"不很重要"的人。

在另一方面，那些相信自己具有"承担重责大任的能力"的人，就真的会变成一个"很重要"的人物。所以，如果你们想成为重要人物，就必须首先使自己承认"我确实很重要"，而且要真正地这么觉得，别人才会跟着这么想。

每个人都无法逃脱这样一个推理原则：你怎么思想将会决定你怎么行动，你怎么行动将决定别人对你的看法。就像你们自己的成功计划一样，要获得别人的尊重其实很简单。为得到他人的尊重，你们必须首先觉得自己确实值得人敬重，而且你们越敬重自己，别人也会越敬重你们。

请你们想一想：你们会不会敬重那些在破旧街道游荡的人呢？当然不会。为什么？因为那些无赖汉根本不看重自己，他们只会让自卑感腐蚀他们的心灵而自甘堕落。

一个人的自我观念就是他人格的核心，你们自己认为是怎么样的人，你们就真的会成为怎么样的人。

每一个人，无论他身居何处，无论他默默无闻或身世显赫，无论他文明或野蛮，也无论他年轻或年老，都有成为重要人物的强烈欲望。请仔细想一想你们身边的每一个人——你的邻居、你自己、你的老师、你的同学、你的朋友，有谁没有希望自己很有分量的强烈需求？全都有，这种需求是人类最强烈、最迫切的一种目标。

但是，为什么很多人却将这个本可以实现的目标，永远地变成了无法实现的黄粱美梦呢？在我看来是态度使然。态度是我们每个人思想和精神因素的物化，它决定着我们的选择和行动。在这个意义上说，态度是我们最好的朋友，也会是我们最大的敌人。

我承认，我们不能左右风的方向，但我们可以调整风帆——选择我们的态度。一旦你们选择了看重自己的态度，那些"我是个没用的人，我是个无名小卒，我算老几，我一文不值"等等贬低自己、消磨意志、蜕化信心和自暴自弃的懦夫的想法就会消失殆尽，取而代之的，是心灵的复活，思维和行为方式的积极改变，信心的增强，以"我能！而且我会！"的心态面对一切。

小伙子们！如果你们中间有谁曾自己骗自己，请就此停止，因为那些不觉得自己重要的人，都是自暴自弃的普通人。任何时候都不要自贬，要先选出自己的各种资产——优点。要问你自己:"我有哪些优点?"在分析自己的优点时,不能太客气。

你们要专注自己的长处,告诉自己我比我想象的还要好。要有远见,看到未来的发展性,而不单看现况,对自己要有远大的期望。要随时记住这个问题:"重要人物会不会这么做呢?"这样就会使你们渐渐变成更成功的大人物。

孩子们,通往成功的道路上铺满了黄金,然而这条道路却只是一条单行线。此时此刻,我们需要一种乐观的态度。乐观常被哲学家称为"希望"。首先让我来告诉你们,这是对乐观的曲解!所谓乐观是一种信念,那就是相信生活终究是乐多苦少,相信即使不如人愿的事屡屡发生,好事终将占得上风。

约翰,你知道吗?在我短短十几分钟的即兴演讲中,我竟获得了八次掌声。遗憾的是过多的掌声太干扰了我的思路,我有一个重要的观点让掌声赶跑了,那就是提高思考能力,会帮助他们提高各种行动的水准,使他们因此更大有作为。但我还是很高兴,我的舌头居然有那么大的魅力。

爱你的父亲

04
善始不代表善终

- 我们的命运由我们的行动决定,而绝不是由我们的出身决定的。
- 机会永远都是不平等的,但结果却可能平等。
- 富家子弟如果缺乏贫贱之人那种要拯救自己的野心,也只能祈祷上帝赐予他有所成就了。
- 给人带来伤害最快捷的途径就是金钱,它可以让人腐化堕落、飞扬跋扈、不可一世,失去最美好的快乐。
- 高贵快乐的生活,不是来自高贵的血统,也不是来自高贵的生活方式,而是来自高贵的品格——自立精神。
- 起点可能影响结果,但不会决定结果。
- 每个人都有追求胜利的意志,只有决心做好准备的人才会赢得胜利。
- 享有特权而无力量的人是废物,受过教育而无影响的人是一堆一文不值的垃圾。
- 找到了自己的路,上帝就会帮你。

July 20,1897

亲爱的约翰:

虽然你希望我能永远同你一起出航,但是孩子,美好的愿望和现实是有差距的,我不是你永远的船长。上帝为我们创造双脚,是要让我们依靠自己的双脚走路的。

或许你迄今仍未做好独自前行的准备，但是我要让你知道一点，在我所处的那个领域里，那个充满挑战与神奇的商业世界中，就是你新生活的出发地，你将从那里开始，参加你不曾享用而又关乎你未来的人生盛宴。但是如何操控你面前的刀叉，又如何品尝命运天使奉上的每一道菜肴，那全都得依靠你自己的力量。

身为你的父亲，我当然期望你能够在以后卓尔不群，并胜我一筹。而我也将会把你留在我的身边，这样做的目的无非是想把你带到事业生涯的高起点，让你无须艰难攀爬便可享有迅速腾达的机会。

然而在别人看来是一生庆幸和炫耀的事，你无须这么想，更不用心存感激。虽然美利坚合众国的建国信念是人人生而平等，但这种平等是权利与法律意义上的平等，与经济和文化优势无关。我们生活的这个世界就好像一座高山，当你的父母置身山顶上时，注定你不会生活在山脚下；当你的父母生活在山脚下时，也注定你不会生活在山顶上。在多数情况下，父母的位置决定了孩子的人生起点。

但是我要慎重地告诉你，起点的不同并不意味着人生命运的不同。在这个世界上，永远没有穷富可以传承的说法，也永远不会有成、败世袭的道理，有的只是"我奋斗我成功"的真理。我坚信，我们的命运由我们的行动决定，而绝不是由我们的出身决定的。

正如你所了解的情况，在我小的时候，家境十分贫寒，记得我刚上中学时所用的书本都是好心的邻居为我买的，我人生的第一份工作也只是一个周薪只有5美元的簿记员，但我通过不懈的奋斗却建立了一个令人艳羡的石油王国。在很多人看来这似乎是一个传奇，但是我却认为这是命运之神对我持之以恒、积极奋斗的回报，是艰苦付出后的犒赏。

约翰，机会永远都是不平等的，但结果却可能平等。在历史上，无论是在政界还是在商界，尤其在商界，白手起家的事例俯拾皆是，虽然他们都曾因为贫穷而鲜有成功的机会，然而他们却都凭借奋斗功成名就。同样，历史上也随处可见富家子弟虽然拥有所有可能成功的优势，却走向失败的事例。马萨诸塞州的一项调查统计数字显示，十七个有钱人的孩子里面，竟然没有一个在离开这个世界时还是富翁。

这个结果让我想起了一个很久以前就在社会上流传的、一个关于讽刺富家子弟无能的故事。在费城的一个小酒吧里，一位客人谈起某位百万富翁，说："他是白手起家的百万富翁。""是啊，"旁边一位比较精明的先生回答说："他继承了两千万，然后他把这笔钱变成了一百万。"

这是一个令人痛心的故事。但是在今天我们所生活的社会里，富家子弟正处在一种不进则退的窘境之中，他们中的很多人注定要受人同情和怜悯，甚至要下地狱。

家族的荣耀与成功的历史，不能保证其子孙后代的未来也会美好。我承认早期的优势的确大有帮助，但它不能保证最后会赢得胜利。我曾不止一次地思考这个对富家子弟而言带有悲哀性的问题，我似乎觉得，富家子弟开始承担了优势，却很少有机会去学习和发展生存所需要的技巧；而出身低贱的人因迫切需要解救自身，便会积极发挥创意和能力，且珍视和抢占各种机会。我还观察到，富家子弟如果缺乏贫贱之人那种要拯救自己的野心，也只能祈祷上帝赐予他有所成就了。

我看到了太多这样的故事，并担心这种事情发生在自己身边。所以，在你和你的姐姐们尚小的时候，我就有意识地不让你们知道你们的父亲是个富人，我向你们灌输最多的是诸如节俭、个人奋斗等价值观念，因为我知道：给人带来伤害最快捷的途径就是金钱，它可以让人腐化堕落、飞扬跋扈、不可一世，失去最美好的快乐。我不能用财富埋葬我心爱的孩子，愚蠢地让你们成为不思进取、只知依赖父母的果实的无能者。

一个真正快乐的人，是能够享受自己创造的人。那些像海绵一样，只取不予的人，只会失去快乐。

我相信没有不渴望过上快乐、高贵生活的人，但真正懂得高贵快乐生活从何而来的人却不多。在我看来，高贵快乐的生活，不是来自高贵的血统，也不是来自高贵的生活方式，而是来自高贵的品格——自立精神。看看那些赢得世人尊重、处处施展魅力的高贵的人，我们就知道自立的可贵。

约翰，你的每一个举动都会让我挂念。但与这种挂念相比，我更对你充满信心，相信你优异的品格——比世界上任何财富都更有价值的品格，将帮助你铺设出美好的前程,并将助你拥有成功而又充实的人生。

但你需要强化这样的信念:起点可能影响结果,但不会决定结果。能力、态度、性格、抱负、手段、经验和运气之类的因素,在人生和商业世界里扮演着极为重要的角色。你的人生才刚刚开始,但一场人生之战就在你面前。我能深切地感觉到你想成为这场战争的胜者,但你要知道,每个人都有追求胜利的意志,只有决心做好准备的人才会赢得胜利。

我的儿子,享有特权而无能的人是废物,受过教育而无影响的人是一文不值的垃圾。找到了自己的路,上帝就会帮你!

爱你的父亲

05 不要拖延,马上采取行动

- 如果你不采取行动,世界上最实用、最美丽、最可行的哲学也无法行得通。
- 只要肯积极行动,你就会越来越接近成功。
- 没有行动就没有结果,世界上没有一件事不是由一个个想法付诸实施实现的。
- 不论计划有多周详,我们仍然不可能准确预测最后的解决方案。
- 缺乏行动的人,都有一个坏习惯:喜欢维持现状,拒绝改变。
- 一个人只有自己依靠自己,他才不会让自己失望,并能增加自己控制命运的机会,聪明人只会去促使事情发生。
- 事无巨细只会让机会溜掉。
- 在我们这个世界上从来不缺少有想法有主意的人,但懂得成功地将一个好主意付诸实现,比在家空想出一千个好主意要有价值得多的人却很少。
- 习惯的绳索不是带领我们到高峰就是引领我们到低谷,这就得看是好习惯或坏习惯了。
- 为了胜利,你需要行动,再行动,永远行动!

December 24,1897

亲爱的约翰：

　　智者说的话总能让我记忆深刻。有位智者说过一句耐人寻味的话："教育涵盖了许多方面，但是它本身不教你任何一面。"这位智者向我们展示了一条真理：如果你不采取行动，世界上最实用、最美丽、最可行的哲学也无法行得通。

　　我一直相信，机会是靠行动得来的。再好的构想都有缺陷，即使是很普通的计划，但如果确实执行并且继续发展，都会比半途而废的好计划要好得多，因为前者会贯彻始终，后者却前功尽弃。所以我说，成功没有秘诀，要在人生中取得正面结果，有过人的聪明智慧、特别的才艺当然好，没有也无可厚非；只要肯积极行动，你就会越来越接近成功。

　　遗憾的是，很多人并没有吸取这个最大的教训，结果自己终于沦为平庸之辈。看看那些庸庸碌碌的普通人，你就会发现，他们都在被动地活着，他们说的远比做的多，甚至只说不做。但他们几乎个个都是找借口的行家，他们会找各种借口来拖延，直到最后他们证明这件事不应该、没有能力去做或已经来不及了为止。

　　与这类人相比，我似乎聪明、狡猾了许多。盖茨先生吹捧我是个主动做事、自动自发的行动者。我很喜欢这样的吹捧，因为我没有辜负它。积极行动是我身上的另一个标志，我从不喜欢纸上谈兵或流于空谈。因为我知道，没有行动就没有结果，世界上没有一件事不是由一个个想法付诸实施实现的。人只要活着，就必须考虑行动。

　　很多人都承认，没有智慧和基础知识是没用的，但更令人沮丧的是即使空有知识和智慧，如果没有行动，一切仍属空谈。行动与充分准备其实可视为物体的两面。人生必须适可而止，做太多的准备却迟迟不去行动，最后只会徒然浪费时间。换句话说，事事必须有节制，我们不能落入不断演练、计划的圈套，而必须承认现实：不论计划有多周详，我们仍然不可能准确预测最后的解决方案。

我当然不否认计划非常重要,计划是获得有利结果的第一步,但计划并非行动,也无法代替行动。就如同打高尔夫球一样,如果没有打过第一洞,便无法到达第二洞。行动解决一切。没有行动,什么都不会发生。我们无论如何也买不到万无一失的保险,但我们可以做到的是下定决心去实行我们的计划。

缺乏行动的人,都有一个坏习惯:喜欢维持现状,拒绝改变。我认为这是一种深具欺骗和自我毁灭效果的坏习惯,因为一切都在变化之中,正如人会生死一样,没有不变的事物。但因内心的恐惧——对未知的恐惧,很多人抗拒改变,哪怕现状多么不令他满意,他都不敢向前跨出一步。看看那些本该事业有成、却一事无成的人,你就知道不同情他们是件很难的事。

是的,每个人在决定一件大事时,心里都会或多或少有些担心、恐惧,都会面对到底要不要做的困扰。但"行动派"会用决心燃起心灵的火花,想出各种办法来完成他们的心愿,更有勇气克服种种困难。

很多缺乏行动的人大都很天真,喜欢坐等事情自然发生。他们天真地以为,别人会关心他们的事。事实上,除了自己以外,别人对他们不大感兴趣,人们只对自己的事情感兴趣。例如一桩生意,我们获利比重越高,就要越主动采取行动,因为成败与别人的关系不大,他们不会在乎的。这时候,我们最好把它推一把。如果我们怠惰、退缩,坐等别人采取主动来推动事情的话,结果必定会令人失望。

一个人只有自己依靠自己,他才不会让自己失望,并能增加自己控制命运的机会。聪明人只会去促使事情发生。

人生中最令人感到挫折的,莫过于想做的事太多,结果不但没有足够的时间去做,反而因想到每件事的繁多步骤,而被做不到的情绪所震慑,以致一事无成。我们必须承认,时间有限,任何人都无法做完所有的事情。聪明的人知道,并非所有的行动都会产生好的结果,只有明智的行动才能带来有意义的结果。所以聪明的人只会选取做了以后获得正面效果的工作,做与完成最大目标有关的工作,而且专心致志,因此他们总能做出最有价值的贡献,并得到很多好处。

就像大象要一口一口地被吃掉,做事也是一样,事无巨细只会让机会溜掉。我的座右铭是：洛克菲勒优先处理紧急事件。

很多人都是自己使自己变成一个被动者的，他们想等到所有的条件都十全十美，也就是时机对了以后才行动。人生随时都是机会，但是几乎没有十全十美的。那些被动的人平庸一辈子，恰恰是因为他们一定要等到每一件事情都百分之百的有利，万无一失以后才去做。这是傻瓜的做法。我们必须向命运妥协，相信手上的正是目前需要的机会，才能避免自己无所行动，错失良机。

我们追求完美，但是人类的事情没有一件绝对完美，只有接近完美。等到所有条件都完美以后才去做，只能永远等下去，并将机会拱手让给他人。那些要等到万事俱备才行动的人，将永远不会行动。要想变成"我现在就去做"的那种人，就是停止一切白日梦，时时想到现在，从现在就开始做。诸如"明天""下礼拜""将来"之类的句子，跟"永远不可能做到"意义相同。

每个人都有失去自信、怀疑自己能力的时候，尤其是在事逢逆境时。但真正懂得行动艺术的人，却可以用坚强的毅力克服它，会告诉自己每个人都有失败的时候，有失败得很惨的时候，会告诉自己不论事前做了多少准备、思考多久，真正着手做的时候，都难免会犯错误。然而，被动的人，并不把失败视为学习和成长的机会，却总在告诫自己：或许我真的不行了，以致失去了积极参与未来的行动。

很多人都相信心想事成，但我却将其视为谎言。好主意一毛钱能买一打。最初的想法只是一连串行动的起步，接下来需要第二阶段的准备、计划和第三阶段的行动。在我们这个世界上从来不缺少有想法有主意的人，但懂得成功地将一个好主意付诸实现，比在家空想出一千个好主意要有价值得多，这样的人却很少。

人们用来判断你的能力的真正基础，不是你脑子里装了多少东西，而是你的行动。人们都信任脚踏实地的人，他们都会想：这个人敢说敢做，一定知道怎么做最好。我还没听过有人因为没有打扰别人、没有采取行动或要等别人下令才做事而受到赞扬的。那些在工商界、政府、军队中的领袖，都是很能干又肯干的、百分之百主动的人。那些站在场外袖手旁观的人永远当不成领导。

不论是自动自发者还是被动的人,都是习惯使然。习惯有如绳索,我们每天编制一根绳索,最后它粗大得无法折断。习惯的绳索不是带领我们到高峰就是引领我们到低谷,这取决于是好习惯或者坏习惯了。坏习惯能摆布我们、引向失败,它很容易养成,但却很难伺候;好习惯很难养成,但很容易维持下去。

要有现在就做的习惯,最重要的是要有积极主动的精神,戒除精神散漫的习惯,要决心做个主动的人,要勇于做事,不要等到万事俱备以后才去做,永远没有绝对完美的事。培养行动的习惯,不需要特殊的聪明智慧或专门的技巧,只需要努力耕耘,让好习惯在生活中开花结果即可。

约翰,人生就是一场伟大的战役,为了胜利,你需要行动,再行动,永远行动!这样,你的安全就能得到保障。

祝圣诞节快乐!我想没有比在此时送给你这封信而更好的圣诞礼物了。

爱你的父亲

06
幸运之神眷顾勇者

- 你不能靠运气活着，尤其不能靠运气来建立事业生涯。
- 幸运儿是因为幸运才表现得自信和大胆，还是他们的"运气"是自信和大胆的结果呢？我的答案是后者。
- 如果你觉得自己是赢家，你的行为就会像个赢家；如果你的行为像个赢家，你就很可能去做更多赢家会做的事，从而改变你的"运气"。
- 一荣俱荣、一损俱损的合作精神，是使我们不断强大的精神支柱。
- 态度有助于创造运气，而机运就在你的选择之中。
- 如果你有百分之五十一的时间做对了，那么你就会变成英雄。

October 7，1898

亲爱的约翰：

几天前你的姐姐塞迪兴高采烈地告诉我，她一头栽进了幸运里，说她手里的股票就像百依百顺听她使唤的奴隶，正在帮她将大把大把的钱拿回家。

我想现在塞迪可能已经快乐疯了，但我不希望她被那些钱弄得得意忘形而乱了方寸，我告诉她，小心过分相信运气会把自己扔到失败的田野上。

几乎每一位事业有成的人都在警告世人：你不能靠运气活着，尤其不能靠运气来建立事业生涯。有趣的是，大部分的人对运气深信不疑，我想他们是错把机会当运气了。没有机会就没有运气。

约翰，想一想你认识的那些幸运儿，你几乎可以确实，他们都不是温良、恭俭、谦让的人，也几乎可以非常确定，他们总是散发出自信的光辉和天下无难事的态度，甚至会显得非常大胆。这其中潜藏着一个鸡生蛋、蛋生鸡的问题：到底幸运儿是因为幸运才表现得自信和大胆，还是他们的"运气"是自信和大胆的结果呢？我的答案是后者。

幸运之神眷顾勇者，是我一生尊奉的格言。胜利不一定属于强者，高度警惕、生气勃勃、勇敢无畏的人也会获胜。当然，也有人相信谨慎胜过勇敢。但勇敢和大胆比谨慎更引人注目、更受欢迎，且更有吸引力，懦弱根本不能与之相比。

我从未见过不欣赏自信果断的人，每个人都是自信果断的人的支持者，期望这样的人担任领袖，而我们之所以受他们吸引，就在于他们有着强大的吸引力。所以，勇敢的人常常会比较成功，会较容易担任领袖、总裁和司令官，那些迅速升职的人都属于这样的人。

经验告诉我，大胆果敢的人，能完成最好的交易，能吸引他人的支持，结成最有力的盟约；而那些胆小、犹豫的人却难以捞到这样的好处。不仅如此，大胆的方法对自己也大有裨益，有自信的人期望成功，他们会配合自己的期望，设计所有的计划以追求成功。

当然，这样做不能保证会绝对成功，却能自然而然地推出对成功的展望。换句话说，如果你觉得自己是赢家，你的行为就会像个赢家；如果你的行为像个赢家，你就很可能去做更多赢家会做的事，从而改变你的"运气"。

真正的勇者并非是不可一世的狂妄之徒，更不是没有脑子的莽撞汉。勇者知道运用预测和判断力，计划每一步和做每一个决定，这种做法就像军事策略家所说的那样，会让你力量大增，也就是拥有一种武器，能立刻形成明显的优势，帮你战胜对手。这让我想起了十几年前，大胆决定买下莱玛油区的事情。

在此之前，石油界没有一天停止过对原油将会枯竭的恐惧，连我的助手都开始恐惧在石油上不能长期渔利，悄悄地卖着公司的股票；而有的人甚至建议，公司应该及早退出石油业，转行做其他更为稳定的生意，否则我们这艘大船就将永远不能返航。作为领袖，面对悲观送出的应该永远是希望而不是哀叹，我告诉那些惶恐中的人们：上帝会赐予我们一切。

再次感受上帝温暖的抚摸，是人们在俄亥俄州莱玛镇发现了石油的时候。只是莱玛的石油散发着用常规方法都不能去掉的臭味，深深打击了很多人想从那里大赚一把的信心。但我对莱玛油田充满信心，我可以预见到一旦我们独占莱玛，我们就将具有统治石油市场的强大力量。机会来了，如果让它悄然溜走，洛克菲勒的名字就会与猪联系在一起。我郑重地告诉公司的董事们：这是千载难逢之机，我是该把钱投到莱玛的时候啦！

非常遗憾，我的意见遭到了胆小怕事者的反对。

强加于人不符合我的性格，我寄希望于通过和颜悦色的讨论，让大家最终能统一到我的意见上来。

那是一次漫长而没有结果的等待。我忧心忡忡，我们建起了全球规模的巨型炼油厂，它就像一个饥饿的婴儿对母亲的奶汁贪得无厌一样，需要吃掉源源不断的原油，但宾夕法尼亚州的油田正在凋敝，其他几个小油田业已开始减产，长此下去我们只得依赖俄罗斯的原油。几乎可以肯定，俄国人一定会利用他们对油田的控制，削弱我们的力量，甚至彻底击败我们，把我们赶出欧洲市场。但是，一旦我们拥有了莱玛的石油资源，我们就会继续做赢家。不能再等了，是我该行动的时候啦！

正像我所预想的那样，在董事会上保守派依然说"不"。但我以令反对派大吃一惊的方式，降伏了他们，我说："先生们，如果不想让我们这艘巨轮沉下去，我们必须保证我们的原油供应。现在，蕴藏在莱玛地下的石油正向我们招手，它将带来令我们目眩的巨额财富。看在上帝的分上，请不要说那带有臭味的液体没有市场，我相信上帝赐予我们的东西都有其价值，我相信科学会扫除我们的疑虑。所以，我决定用我自己的钱进行这项投资，并情愿承担两年的风险。如果两年以后成功了，公司可以把钱还给我；如果失败了，就由我自己承担一切损失。"

我的决心与诚意打动了我最大的反对者普拉特先生，他眼中闪动着泪光，激动地对我说："约翰，我的心被你俘虏了，既然你认为应该这样做，我们就一起干吧！你能冒这个险，我也能！"一荣俱荣、一损俱损的合作精神，是使我们不断强大的精神支柱。

我们成功了。我们倾尽全力将巨资投到了莱玛，其回报更是巨大，我们将全美最大的原油生产基地控制在了自己的手中。而在莱玛的成功又激发了我们的活力，支配我们开始了在石油业前所未有的大收购。结果正像我们预想的那样，我们成为石油领域最令人畏惧的超级舰队，取得了不可动摇的统治地位。

约翰，态度有助于创造运气，而机运就在你的选择之中。如果你有百分之五十一的时间做对了，那么你就会变成英雄。这是我关于幸运的最深体会。

爱你的父亲

07
要成功就要敢于冒险

- 借钱不是件坏事,它不会让你破产,你只能在遭遇危机时使用它;不要把它看成救生圈,而要把它看成是一种有力的工具,你可以用它来开创机会。
- 一元钱的买卖远远比不上一百元钱的买卖赚得多。
- 不论是要赢得财富,还是要赢得人生,优秀的人在竞技中想的不是输了我会怎样,而是要成为胜利者我应该做什么。
- 人生就是不断抵押的过程,为前途我们抵押青春,为幸福我们抵押生命。
- 因为我支付诚实,所以我赢得了银行家乃至更多人的信任,也因此渡过一道道难关,踏上了快速的成功之路。
- 细节永远不应该妨碍热情,成功的做法是你要记住两点:一个是战术,另一个是战略。

April 18,1899

亲爱的约翰:

我能够理解,为什么用我借你的钱去股市闯荡总让你感觉有些不安。因为你想赢,却又怕在那个冒险的世界里输,而输掉的钱不是你的,是借来的,还得支付利息。

这种输不起的感受,在我创业之初,乃至较有成就之后,似乎一直都在统治着我。以致每次借款前，我都会在谨慎与冒险之间徘徊，苦苦挣扎，甚至夜不能眠，躺在床上就开始算计如何偿还欠款。

常有人说，冒险的人经常失败。但白痴又何尝不是如此？在我恐惧失败过后，我总能打起精神，决定去再次借钱。事实上，为了进步我没有其他道路可寻，我不得不去银行贷款。

儿子，呈现在我们眼前的，经常是巧妙化解棘手问题的大好良机。借钱不是件坏事，它不会让你破产，你只能在遭遇危机时使用它；不要把它看成救生圈，而要把它看成是一种有力的工具，你可以用它来开创机会。否则，你就会掉入恐惧失败的泥潭，让恐惧束缚住你本可大展鸿图的双臂，而终无成就。

我所熟知或认识的富翁中间，只靠自己一点一滴、日积月累挣钱发达的人少之又少，更多的人是因借钱而发财。这其中的道理并不深奥，一元钱的买卖远远比不上一百元钱的买卖赚得多。

不论是要赢得财富，还是要赢得人生，优秀的人在竞技中想的不是输了我会怎样，而是要成为胜利者我应该做什么。借钱是为了创造好运。如果抵押一块土地就能借得足够的现金，让我独占一块更大的地方，那么我会毫不迟疑地抓住这个机会。在克里夫兰时，我为扩张实力、夺得克里夫兰炼油界头把交椅，我曾多次欠下巨债，甚至不惜把我的企业抵押给银行，结果我成功了，我创造了令人震惊的成就。

儿子，人生就是不断抵押的过程，为前途我们抵押青春，为幸福我们抵押生命。因为如果你不敢逼近底线，你就输了。为成功我们抵押冒险难道不值得吗？

谈到抵押，我想告诉你，在我从银行家手里接过巨款时，我抵押出去的不光是我的企业，还有我的诚实。我视合同、契约为神圣的东西，我严格遵守合同，从不拖欠债务。我对投资人、银行家、客户，包括竞争对手，从不忘以诚相待，在同他们讨论问题时我都坚持讲真话，从不捏造或含糊其辞，我坚信谎言在阳光下就会现形。

付出诚实的回报是巨大的，在我没有走出克里夫兰前，那些了解我品行的银行家们，曾一次次把我从难以摆脱的危机中拯救出来。

我清楚地记得，有一天，我的一个炼油厂突然失火，损失惨重。由于保险公司迟迟不能赔付保险金，而我又急需一笔钱重建瓦砾中的企业，我只得向银行追加贷款。现在一想起那天银行贷款给我的情景就让我激动不已。本来在那些缺乏远见的银行家眼里，炼油业早已是高风险行业，向这个行业提供资金不亚于是在赌博，再加上我的炼油厂刚刚毁于一炬，所以有些银行董事对向我追加贷款犹豫不决，不肯立即放贷。

　　就在这时，他们中的一个善良的人，斯蒂尔曼先生，让一名职员提来他自己的保险箱，向着其他几位董事大手一挥说："听我说，先生们，洛克菲勒先生和他的合伙人都是非常优秀的年轻人。如果他们想借更多的钱，我恳请诸位要毫不犹豫地借给他们。如果你希望更保险一些，这里就有，想拿多少就拿多少。"我用诚实征服了银行家。

　　儿子，诚实是一种方法，一种策略。因为我支付诚实，所以我赢得了银行家乃至更多人的信任，也因此渡过一道道难关，踏上了快速成功之路。今天，我无须再求助于任何一家银行，我就是我自己的银行，但我永远都在感激那些曾鼎力帮助过我的银行家们。

　　你未来可能会管理企业。你需要知道，经营企业的目的是要赚钱，扩大企业能够赚钱，但是把企业拿出去抵押也是管理和运用金钱的重要事项。如果你只注重一种功能，而忽视另一种功能，就会招致失败。在最糟糕的情形下，可能会造成财务崩溃；在较好的情形下，也许会错失很多机会。

　　管理和运用金钱跟决心赚钱不同，需要有不同的信念。要管理和运用金钱，你必须乐于亲自动手、亲自管理数字，不能只是空谈管理和策略。上帝表现在细节之中。如果你忽视这些细节，或是超脱细节，把这种"杂事"授权给别人去做，就等于至少忽视了你事业经营的一半重要责任。细节永远不应该妨碍热情，成功的做法是你要记住两点：一个是战术，另一个是战略。

　　儿子，你正朝着赢得一场伟大人生的目标前进，这是你一直以来的目标，你需要勇敢，再勇敢。

爱你的父亲

08
用积极的心态面对失败

- 这个世界上的每个人都没有顺遂的人生；相反，却要时刻与失败比邻而居。
- 如果静止不动，就是退步，但要前进，必须勇于做决定和冒险。
- 人人都厌恶失败，然而，一旦避免失败变成你做事的动机，你就走上了怠惰无力之路。
- 我们生活在弱肉强食的丛林之中，在这里你不是吃人就是被别人吃掉。
- 乐观的人在苦难中会看到机会，悲观的人在机会中会看到苦难。
- 失败是一种学习经历，你可让它变成墓碑，也可以让它变成踏脚石。
- 没有挑战就没有成功，不要因为一次失败就停下脚步，战胜自己，你就是最终的胜者！

November 19, 1899

亲爱的约翰：

你近来的情绪过于低落了，这很是让我难过。我能真切地感受到，你还在为那笔让你赔进一百万的投资感到耻辱和羞愧，以致终日闷闷不乐、忧心忡忡。其实，这大可不必。一次失败并不能说明什么，更不会在你的额头贴上无能者的标签。

快乐起来，我的儿子。你需要知道，这个世界上的每个人都没有顺遂的人生；相反，却要时刻与失败比邻而居。也许正因为这个世界上有太多太多无奈的失败，追求卓越才变得魅力十足，让人竞相追逐，甚至不惜以生命为代价。即便如此，我们的命运中的失败依然会降临。只是与有些人不同，我把失败当作一杯烈酒，吞下苦涩，得到振奋。

在我信誓旦旦跨入商界，跪着恳祈上帝保佑我们新开办的公司之时，一场灾难性的风暴便袭击了我们。当时我们签订了一笔合同，要购进一大批豆子，准备大赚一把，但没有想到一场突然"来访"的霜冻击碎了我们的美梦，到手的豆子毁了一半，而且有失德行的供货商还在里面掺加了沙土和细小的豆叶、豆秸。这注定是一笔要做砸了的生意。但我知道，我不能沮丧，更不能沉浸在失败之中，否则，我就会离我的目标、梦想越来越远。

我不能维持现状，如果静止不动，就是退步，但要前进，必须勇于做决定和冒险。那笔生意失败之后，我再次向我的父亲借债，尽管我很不情愿这么做。而且，为使自己在经营上胜人一筹，我告诉我的合伙人克拉克先生，我们必须宣传自己，通过报纸广告让我们的潜在客户知道，我们能够提供大笔的预付款，并能提前供应大量的农产品。

结果，胆识加勤奋拯救了我们，那一年我们非但没有受"豆子事件"的影响，反而让我们赚到了一笔可观的纯利。

人人都厌恶失败，然而，一旦避免失败变成你做事的动机，你就走上了怠惰无力之路。这非常可怕，甚至是种灾难。因为这预示着人可能要丧失原本可能有的机会。

儿子，机会是难遇的，人们因机会而发迹、富有。看看那些穷人你就知道，他们不是无能的蠢材，他们也不是不努力，他们是苦于没有机会。我们生活在弱肉强食的丛林之中，在这里你不是吃人就是被别人吃掉。逃避风险几乎就是保证破产；利用了机会，就是在剥夺别人的机会，保证着自己。

害怕失败就不敢冒险，不敢冒险就会错失眼前的机会。所以，我的儿子，为了避免丧失机会、保住竞争的资格，我们失败与受挫是值得的！

失败是通向成功的阶梯。我可以说，我能有今天的成就，是踩着失败的螺旋阶梯一步步上来的，是在失败中崛起的。我是一个聪明的"失败者"，我知道向失败学习，从失败的经验中汲取成功的因子，用自己不曾想到的手段，去开创新事业。所以我想说，只要不变成习惯，失败是件好事。

我的座右铭是：人始终要保持活力，永远坚强、坚毅，不论遭遇怎样的失败与挫折，这是我唯一能做的事情。我自己能够理解，我做什么才会让自己感到快乐，什么东西值得自己为之效命。根本的期望，就像清洁工手中的扫把，将扫尽你成功之路上的所有垃圾。儿子，你自己根本的期望在哪里？只要你不丢掉它，成功必将到来。

乐观的人在苦难中会看到机会，悲观的人在机会中会看到苦难。儿子，记住我深信不疑的成功公式：

梦想+失败+挑战=成功之道。

当然，失败有它的杀伤力，它可以让人萎靡、颓废，丧失斗志和意志力。重要的是你将失败看作什么。天才发明家托马斯·爱迪生先生，在用电灯照亮摩根先生的办公室前，共做了一万多次实验，在他那里，失败是成功的试验田。

十年前，《纽约太阳报》一位年轻记者采访了他，那位少不更事的年轻人问他："爱迪生先生，您现在的发明曾经失败过一万次，您对此有什么看法？"爱迪生对失败一词很不受用，他以长者的口吻对那位记者说："年轻人，你的人生旅程才刚刚开始，所以我告诉你一个对你未来很有帮助的经验，我没有失败过一万次，我只是发明了一万种行不通的方法。"精神的力量永远如此强大。

儿子，你一旦要宣布精神破产，你就会输掉一切。你需要知道，人的事业就如同浪潮，如果你踩到浪头，功名随之而来；而一旦错失，则终其一生都将受困于浅滩与悲哀。失败是一种学习经历，你可让它变成墓碑，也可以让它变成踏脚石。

没有挑战就没有成功，不要因为一次失败就停下脚步，战胜自己，你就是最终的胜者！

我对你很有信心。

爱你的父亲

09
只有自己才最忠实于自己

- 利益是光照人性的影子，在它面前，一切与道德、伦理有关的本质都将现形，且一览无余。
- 与其说我们是自己心灵的主人，倒不如说我们是利益的奴隶更准确。
- 你只能相信自己，只有如此，你才不会被人蒙骗。
- 凡事三思而行，不管别人如何催促，不考虑周全决不行动。
- 我有自己的真理，只对自己负责。
- 我可以让对手教导我，但我永远不教导对手，无论我对那件事了解有多深。
- 好马不会在同一个地方跌倒两次。

November 29，1899

亲爱的约翰：

心情好一点了吗？如果还没有，我想，你需要了解点什么。

在这个世界上，绝大多数的人都不免受一种特殊力量的驱使，这种力量可以轻而易举地剥落紧裹我们人性的外衣，将我们完全裸露在阳光下，并公正地将我们圈定在纯洁与肮脏的图版上，以致让我们所有的辩护都变得苍白无力，无论我们多么伶牙利齿。它就是检验我们人性的试金石。

换句话说，利益是光照人性的影子，在它面前，一切与道德、伦理有关的本质都将现形，且一览无余。也许你认为我的话有些绝对，但我的经历就是这样告诉我的。

我不是人类史学家，我不知道他们如何解释人之所以高尚与丑恶的现象，但我的人生历程让我坚信：利益似乎无坚不摧，它可以把本可彼此平静度日的人、种族、国家，拉将在一起，彼此尔虞我诈，刺刀见红。在那些骗局、陷阱乃至诽谤、污蔑和诋毁，以及残酷无情的血腥争斗和强盗式的掠夺中，你都会发现追逐利益的影子。在这个意义上，与其说我们是自己心灵的主人，倒不如说我们是利益的奴隶更准确。

我可以断言，在这个世界上，除去神，没有不追逐利益的人。自你走入人与人交往的那一刻起，一场旷日持久的人生谋利游戏就开始了。在这场游戏中，人人都是你的敌人，包括你自己，你需要与自己的弱点对抗，并与所有将快乐建筑在你痛苦之上的恶行而战。所以，当我看破这一切之后，我一直坚守着一个原则：我可以欺骗敌人，但决不欺骗自己。

儿子，请不要误会我，我无意要将我们这个世界涂上一层令人压抑、窒息的灰色；事实上，我渴望友谊、真诚、善良和一切能滋润我心灵的美好情感，我也相信它们一定存在。然而，很遗憾，在追名逐利的商场中，我难以得到这种满足，却要经常遭遇出卖和欺骗的打击。

最令我痛心的一次被骗发生在克里夫兰。当时炼油业因生产过剩几乎无利可图，很多炼油商已经跌落到破产的边缘。还有，克里夫兰远离油田，这就意味着与那些处在油田的炼油厂相比，我们因要付出高昂的长途运输费用而使自己处于不平等的地位。我决心改变它，要大规模收购在死亡线上挣扎的炼油厂，形成合力，统一行动，让每个人的钱包都鼓起来。

我告诉那些濒临倒闭的炼油厂主，我们在克里夫兰处于不利地位，为共同保护自己，我们必须要做些什么。我认为我的计划很好，请认真想一想。如果你感兴趣，我们会很高兴与你共同磋商。也由于善良的愿望和战略上的考虑，我买下了许多毫无价值的工厂，它们就像陈旧的垃圾，只配扔到废铁堆里。

但有些人竟然如此邪恶、自私和忘恩负义，他们拿到我的钱后便与我为敌，肆无忌惮地撕毁与我达成的协议，卷土重来。用废铁变成金子的钱购置设备，重操旧业，并公开敲诈我，要我买下他们的工厂。这些人都曾要求我诚实，让我出个好价钱收购他们瘫痪的工厂，我做到了。然而，结果却令人痛心。在那一刻我的心情糟透了，我甚至自责我不该太诚实，不该太善良，否则我也不会落到四面楚歌、一筹莫展的境地。

最令我不可接受的，是在谋利游戏中，今天的朋友会变成明天的敌人。这种情形常有发生，我的两位教友就曾无节制地多次蒙骗我。看在上帝的分上，我不想历数他们的罪恶。但我可以告诉你，当我知道我一直被他们欺骗的时候，我震惊了，我不明白与我一同祷告、虔诚地发誓要摒弃骄傲、纵欲和贪婪之心的人，何以如此卑鄙！

历经种种欺骗与谎言，我无奈地告诉自己：你只能相信自己，只有如此，你才不会被人蒙骗。我知道这种略带敌意的心态不好，但这个世界有太多太多的欺骗，提防是我们不可或缺的生存技能。

跟混蛋打交道，会让你变得聪明。那些邪恶的"老师"教会了我许多东西，如果现在谁要想欺骗我，我估计会比翻越科罗拉多大峡谷还要难，因为那些魔鬼帮我建立了一套与人打交道的法则，这套法则对你也会有用的：

我只有在对自己有利无害的情况下，才表现自己的感情；我可以让对手教导我，但我永远不教导对手，无论我对那件事了解有多深；凡事三思而行，不管别人如何催促，不考虑周全决不行动；我有自己的真理，只对自己负责；小心那些要求我以诚相待的人，他们是想在我这里捞到好处。

我知道，欺骗只是谋利游戏中的策略，并不能解决问题。但我更知道，谋利游戏在夜以继日地进行，所以，我必须从早到晚保持警惕并且明白：在这场游戏中，人人都是敌人，因为每个人都先顾及自己的利益，不管是否对他人有利。重要的是如何保护自己，并随时随地地备战。

儿子，命运给予我们的不是失望之酒，而是机会之杯，振作起来！发生在华尔街的那件事，并没有什么了不得，那只是你太相信别人而已。不过，你需要知道，好马不会在同一个地方跌倒两次。

爱你的父亲

10
幸运是精心策划的结果

- 有些人因为非凡的才能注定会成为令人眩目的王者或伟人。
- 幸运是策划过程中永存的福音。
- 每个人都是他自己命运的设计师和建筑师。
- 我不靠天赐的幸运活着,但我要通过策划幸运使自己发达。
- 企业就如战场,战略目标的意义就是要造成对己方最有利的状态。
- 富有远见的商人总善于从每次灾难中寻找机会。
- 设计幸运,就是设计人生。

January 20,1900

亲爱的约翰:

有些人因为非凡的才能注定会成为令人眩目的王者或伟人。譬如,老麦考密克先生,他长着一颗能制造幸运的脑袋,知道如何将收割机变成收割钞票的镰刀。

在我看来,老麦考密克永远是位野心勃勃且具商业才能的实业巨子,他用收割机解放了美国农民,同时也把自己送入全美最富有者的行列。法国人似乎更喜欢他,盛赞他为"对世界最有贡献的人"。哦,这真是一个意外的收获。

这位原本只能做个普通农具商的商界奇才,说过一句深奥的名言:"幸运是设计的残余物质。"这句话听起来的确让人颇费脑筋，它是指幸运是策划和策略的结果？还是指幸运是策划之后剩余的东西呢？我的经验告诉我，这两种意义都存在，换句话说，我们创造自己的幸运，我们任何行动都不可能完全消除幸运，幸运是策划过程中永存的福音。

麦考密克洞悉了幸运的真谛，打开了幸运通过的大门。所以，我对麦考密克收割机能行销全球，成为日不落产品，丝毫不感到奇怪。

然而，在我们这个世界上，很难找到像麦考密克先生那样善于策划幸运的人，也很难找到不相信幸运的人和不误解幸运的人。

在凡夫俗子眼里，幸运永远是与生俱来的，只要发现有人在职务上得升迁、在商海中势如破竹，或在某一领域取得成功，他们就会很随便、甚至用轻蔑的口气说："这个人太幸运了，是好运帮了他！"这种人永远不能窥见一个让自己赖以成功的伟大真理：每个人都是他自己命运的设计师和建筑师。

我承认，就像人不能没有金钱一样，人同样离不开"幸运"。但是，要想有所作为就不能只等待幸运的光顾。我的信条是：我不靠天赐的幸运活着，但我要通过策划幸运使自己成功。我相信好的计划会左右幸运，甚至在任何情况下，都能成功地影响幸运。我在石油界实施的变竞争为合作的计划恰恰验证了这一点。

在那项计划开始前，炼油商们各自为战，利欲熏心，结果引发了毁灭性的竞争。这种竞争对消费者来说当然是个福音，但油价下跌对炼油商们来说却是个灾难。那时候绝大多数炼油商做的都是亏本生意，正一个一个滑入破产的泥潭。我很清楚，要想重新有利可图并永远盈利，就必须驯服这个行业，让大家理性行事。我把它视为一种责任，然而这很难做到，这需要一个计划——一个将所有炼油业务置于我麾下的计划。

约翰，要在获取利益的狩猎场上成为好猎手，你需要勤于思考、做事小心，能够看到事物中一切可能存在的危险和机遇，同时又要像一个棋手那样研究所有可能危及你霸主地位的各种战略。我彻底研究了形势并评估了自己的力量，决定将大本营克里夫兰作为我发动统治石油工业战争的第一战场，待征服了在那里的二十几家竞争对手之后，再迅速行动，开辟第二战场，直至将那些对手全部征服，建立石油业和新秩序。

就像战场上的指挥官，选择攻击什么样的目标，要首先知道选择什么样的火器才最奏效一样。要想成功实现将石油业统一到我麾下的计划，需要一个彻底解决问题的手段，那就是钱，我需要大量的钱去买下那些生产过剩的炼油厂。但我手头上的那点资金不足以实现我的计划，所以我决定组建股份公司，把行业外的投资者拉进来。很快我们以百万资产在俄亥俄注册成立了标准石油公司，第二年资本大幅扩张了三倍半。但何时动手却是个学问。

富有远见的商人总善于从每次灾难中寻找机会，我就是这样做的。在我们开始征服之旅前，石油业一片混乱，一天比一天没有希望，克里夫兰百分之九十的炼油商已经快被日益剧烈的竞争压垮了，如果不把厂子卖掉，他们就只能眼睁睁地看着自己走向灭亡。这是收购对手的最好时机。

在此时采取收购行动，似乎不太道德，但这的确与良知无关。企业就如战场，战略目标的意义就是要造成对己方最有利的状态。出于战略上的考虑，我选择的第一个征服目标不是不堪一击的小公司，而是最强劲的对手克拉克—佩恩公司。这家公司在克里夫兰很有名望，且野心勃勃，想要吃掉我的明星炼油厂。

但在对手决定之前，我总要先下手为强。我主动约见克拉克—佩恩公司最大的股东、我中学时代的老朋友奥利弗·佩恩先生。我告诉他，石油业混乱、低迷的时代该结束了，为了保护无数家庭赖以生存的这个行业，我要建立一个庞大、高绩效的石油公司，并欢迎他入伙。我的计划打动了佩恩，最后他们同意以40万元的价格出售公司。

我知道克拉克—佩恩公司根本不值这个价钱，但我没有拒绝他们，吃掉克拉克—佩恩公司就意味着我将成为世界最大炼油商，被收购的克拉克—佩恩公司将为迅速把克里夫兰的炼油商捏合在一起充当强力先锋。

这一招果然十分奏效。在以后不到两个月的时间里，就有二十二家竞争对手归于标准石油公司的麾下，并最终让我成为了那场收购战的大赢家。而这又给了我势不可当的动力，在此后三年时间里，我连续征服了费城、匹兹堡、巴尔的摩的炼油商，成为了全美炼油业的唯一主人。

今天想来，我真是幸运，如果当时我只感叹自己时运不济，随波逐流，我或许早已被征服掉了。但我策划出了我的幸运。

世界上什么事都可能发生，就是不会发生不劳而获的事。那些随波逐流、墨守成规的人，我不屑一顾，他们的大脑被错误的思想盘踞，以为能全身而退就值得沾沾自喜。

约翰，要想让我们好运连连，我们必须要精心策划幸运；而策划幸运，需要好的计划，好的计划一定是好的设计，好的设计一定能够发挥作用。你需要知道，在构思好的设计时，要首先考虑两个基本的先决条件，第一个条件是知道自己的目标，譬如你要做什么，甚至你要成为什么样的人；第二个条件是知道自己拥有什么资源，譬如地位、金钱、人际关系，乃至能力。

这两个基本条件的顺序并非绝对不能改变，你可能先有一个构想，一个目标，才开始寻找适于这些资源的目标。还可以把它们混合一处，形成第三和第四种方法，例如拥有某种目标和某种资源，为实现目标，你必须选择性地创造一些资源，又如你也可能拥有一些资源和某个目标，你必须根据这些资源，提高或降低目标。

你根据资源调整目标或根据目标调整资源之后，就有了一个基础——可以据以构思设计的结构，剩下的东西就是用手段与时间去填充，和等待幸运的来临了。

你需要记住，我的儿子，设计幸运，就是设计人生。所以在你等待幸运的时候，你要知道如何引导幸运。试试看吧！

爱你的父亲

11
要有接受挑战的决心

- 任何竞争都不是一场轻松的游戏,而是活力十足、需要密切注意、不断做出决定的游戏。
- 邪恶和不道德的行为非常危险,它会让人丧失尊严,甚至可能坐牢。
- 一个优秀的指挥官,不会攻打与他无关的碉堡,而是要全力摧毁那个足以攻陷全城的碉堡。
- 每一场至关重要的竞争都是一场决定命运的大战,后退就是投降!后退就将沦为奴隶!
- 要想在竞争中获胜,勇气只是赢得胜利的一方面,还要有实力。

February 19, 1901

亲爱的约翰:

我有一个不好的消息要告诉你,本森先生去世了,就在昨晚。我很难过。

本森先生是我昔日的劲敌,也是为数不多的受我尊重的对手之一,他出类拔萃的才干、顽强的意志和优雅的风度留给我深刻的印象。直到今天,我还记得在我们结盟之后,他跟我开的那个玩笑,他说:"洛克菲勒先生,您是一个毫不手软而又完美的掠夺者,输给那些坏蛋,会让我非常难过,因为那就像遭遇了抢劫,但与您这种循规蹈矩的人交手,不管输赢,都会让人感到快乐。"

当时，我分不清本森是在恭维我还是在赞美我，我告诉他："本森先生，如果你能把掠夺者换成征服者，我想我会乐意接受的。"他笑了。

我非常敬佩那些在大敌当前依然英勇奋战的勇士，本森先生就是这样的人。在本森与我为敌前，我刚刚击败了全美最大的铁路公司——宾州铁路公司，并成功制服了全美第四家，也是最后一家大型铁路公司——巴尔的摩·俄亥俄铁路公司。就这样，连同我最忠实的盟友——伊利铁路公司和纽约中央铁路公司，全美四大铁路公司全都成为了我驯服的手下。

与此同时，标准石油公司的输油管道一点一点延伸到油田，更利于我获得连接油井和铁路干线所有主要输油线的绝对控制权。

坦率地说，那时我的势力已经延伸到采油、炼油、运输、市场等石油行业的各个角落，如果我说我手中握有采油商、炼油商的生杀大权，绝非大话，我可以让他们腰缠万贯，也可以让他们一钱不值。但的确有人无视我的权威，例如本森先生。

本森先生是个有雄心的商人，他要铺设一条从布拉德福德油田到威廉斯波特的输油管道，去拯救那些担心被我击垮、而急欲摆脱我束缚的独立石油生产商们。当然，想从中大捞一把的念头更支配着他勇闯我的领地。

这条连接宾夕法尼亚州东北部与西部的输油管线，从一开始就以惊人的速度向前铺进。这引起我的极大关注。约翰，任何竞争都不是一场轻松的游戏，而是活力十足、需要密切注意、不断做出决定的游戏，否则，稍不留神你就输了。

本森先生在制造麻烦，我必须让他住手。起初我用了一套显然并不高明的手法与本森开始较量。我用高价买下一块沿宾夕法尼亚州州界由北向南的狭长土地，企图阻止本森前进的步伐，但本森采取绕行的办法，化解了我打出的重拳，结果我成了无所作为的地主，却让那里的农民一夜暴富。接着我动用了盟友的力量，要求铁路公司绝不能让任何输油管道跨越他们的铁路，本森如法炮制，再次成功突围。最后我想借助政府的力量来阻击本森，但没有成功，只能眼睁睁地看着本森成为英雄。

我知道，我遇到了难以征服的劲敌，但他无法动摇我竞争的决心。因为那条长达110英里的管道是我最大的威胁，如果任由原油在那里毫无阻碍地流淌，一直流到纽约，那么本森他们就将取代我成为纽约炼油业的新主人，同时也将使我失去对布拉德福德油田的控制。这是我不能允许的。

当然，我并不想赶尽杀绝、困死他们，我真正的目标是希望不用太高的价格，就能得到我想要的东西——让本森他们不能胡来，破坏我费尽心机才建立起来的市场秩序，毁了我对石油业的控制权，这可是我的生命。所以，当那条巨蛇即将开始活动的时候，我向本森提议，我想买他们的股票。但很不幸，他们拒绝了。

这激怒了我们很多人。主管公司管道运输业务的奥戴先生要用武力毁了它，以惩罚那些不知好歹的家伙。我厌恶这种邪恶而下作的想法，只有无能的人才会干这类令人不齿的勾当，我告诉奥戴：放弃你那个愚蠢的想法！我从来没有想到会输，但是即使输了，唯一该做的就是光明磊落地去输。

如果谁能在背后搞鬼而没有被人抓到，这个人几乎一定会获得竞争优势。但是，邪恶和不道德的行为非常危险，它会让人丧失尊严，甚至坐牢。任何欺骗和不道德的行为都无法持久，都不能成为企业的可靠策略，只会破坏大局，使未来变得愈发困难，甚至不可能再有机会。我们一定要守规矩，因为规矩可以创造关系，关系会带来长久的业务，好的交易会创造更多的交易，否则，我们将提前结束我们的好运。

就我本性而言，我不欢迎竞争，我摧毁竞争者。但我不要不光明的胜利，我要赢得美满、彻底而体面。

就在本森扬扬得意、享受他成功快乐的时候，我向他发动了一系列令他难以招架的攻势。我派人给储油罐生产商送去大批定单，要求他们保证生产、按时交货，令他们无暇顾及其他客户，包括本森。没有储油罐，采油商只能将开采的原油倾泻到荒野上，那么本森先生所接受的就不是待运的石油，而是大声的抱怨了。与此同时，我大幅降低管道运输价格，将大批靠本森运送原油的炼油商吸引过来，变为了我们的客户，而在此前我已迅速收购了在纽约的几家炼油厂以阻止它们成为本森一伙的客户。

一个优秀的指挥官，不会攻打与他无关的碉堡，而是要全力摧毁那个足以攻陷全城的碉堡。我的每一轮攻击都旨在致使本森先生无油可运，我取得胜利。在那条被称为全美最长的输油管道建成未足一年的时候，本森先生投降了，他主动提出与我讲和。我知道这不是本森他们的本意，但他们很清楚，如果再与我继续对抗下去，等待他们的就只能是败得更惨。

约翰，每一场至关重要的竞争都是一场决定命运的大战，"后退就是投降！后退就将沦为奴隶！"战争既已不可避免，那就让它来吧！而在这个世界上，竞争一刻都不会停止，我们也一刻没有休息。我们所能做的，就是带上钢铁般的决心，迎接纷至沓来的各种挑战和竞争，而且要情绪高昂并乐在其中，否则，就不会产生好的结果。

要想在竞争中获胜，较为关键的是你要保持警觉，当你看到对手不断地想削弱你那时就是竞争的开始。这时你需要知道自己拥有什么，也需要知道友善、温情可能会害了你，之后就是动用调动所有资源的技巧去赢得胜利了。

当然，要想在竞争中获胜，勇气只是赢得胜利的一方面，还要有实力。拐杖不能取代强健有力的双脚，我们要靠自己的双脚站起来，如果你的脚不够强壮，不能支持你，你不应放弃和认输，而应努力磨炼、强化、发展双脚，让它们发挥力量。

我想本森先生在天堂上也会同意我的观点的。

爱你的父亲

12
蒙羞并不是一件坏事

- 善于思考与善于行动的人,都知道必须祛除傲慢与偏见,都知道永远不能让自己的个人偏见妨碍自己的成功。
- 在谈判中能坚持到最后一刻的人一定会捞到好处。
- 对他人的报复,就是对自己的攻击。
- 不管你是谁,即使是美利坚合众国总统都无力阻止来自他人的侮辱。
- 蒙辱不是件坏事,如果你是一个知道冷静反思的人,或许就会认为侮辱是测量能力的标尺。
- 尊严不是天赐的,也不是别人给予的,是你自己缔造的。

February 27,1901

亲爱的约翰:

你与摩根先生谈判时的表现,令我和你的母亲感到惊喜,我们没有想到你竟然有勇气同那个盛气凌人的华尔街最大的钱袋子对抗;而且,应对沉稳,言辞得体,不失教养,并彻底控制住了你的对手。感谢上帝,能让我们拥有你这样出色的孩子。

在信中你告诉我说,摩根先生待你粗鲁无礼,是有意想要侮辱你,我想你是对的。事实上,他是想报复我,让你代我受辱。

你知道,此次摩根提出要与我结盟,是担心我会对他构成威胁。我相信他并不情愿与我合作，因为他知道我和他是跑在两条路上的马车，彼此谁都不喜欢谁。我一见到他那副趾高气扬、傲慢无理的样子就感到恶心。我想他一见到我肯定也有叫他不舒服的地方。

但摩根是位商界奇才，他知道我不把华尔街放在眼里，更不惧怕他对我的威胁，所以他要实现他的野心——统治美国钢铁行业，就必须与我合作，否则，等待他的就将是一场你死我活的竞争。

善于思考与善于行动的人，都知道必须祛除傲慢与偏见，都知道永远不能让自己的个人偏见妨碍自己的成功，摩根先生就是这样的人。所以，尽管摩根先生不想同我打交道，但他还是问我，是否可以在标准石油公司总裁办公室与他会面。

在谈判中能坚持到最后一刻的人一定会捞到好处，所以我告诉摩根："我已经退休了，如果你愿意，我很乐意在我家中恭候你。"他果真来了，这对他而言显然是有些屈尊。但他做梦都不会想到，当他提出具体问题时我会说："很报歉，摩根先生，我退休了，我想我的儿子约翰会很高兴同你谈那笔交易。"

只有傻瓜才看不出来，我这是在公然轻蔑摩根，但他很克制，告诉我希望你能到他在华尔街的办公室去谈。我答应了。

对他人的报复，就是对自己的攻击。摩根先生似乎不懂得这个道理，结果为解心头怒火，反倒让你给控制住了。但不管怎么说，尽管摩根先生对我公然侮辱他耿耿于怀，但始终将眼睛盯在要达成的目标上，对此我颇为欣赏。

我的儿子，我们生长在追求尊严的社会，我知道对于一个热爱尊严的人来说，蒙受侮辱意味着什么。但在很多时候，不管你是谁，即使是美利坚合众国总统都无力阻止来自他人的侮辱。

那么，我们该怎么办呢？是在盛怒中反击，捍卫尊严呢？还是宽容相待，大度化之呢？还是用其他方式来回应呢？

你或许还记得，我一直珍藏着一张我中学同学的多人合照。那里面没有我，有的只是出身富裕家庭的孩子。几十年过去了，我依然珍藏着它，更珍藏了拍摄那张照片的情景。

那是一天下午，天气不错，老师告诉我们说，有一位摄影师跑来要拍学生上课时的情景照。我是照过相的，但很少，对一个穷苦人家的孩子来说，照相是种奢侈。摄影师刚一出现，我便想象着要被摄入镜头的情景，多点微笑、多点自然，帅帅的，甚至开始想象如同报告喜讯一样回家告诉母亲："妈妈，我照相了！是摄影师拍的，棒极了！"

我用一双兴奋的眼睛注视着那位弯腰取景的摄影师，希望他早点把我拉进相机里。但我失望了。那个摄影师好像是个唯美主义者，他直起身，用手指着我，对我的老师说："你能让那位学生离开他的座位吗？他的穿戴实在是太寒酸了。"我是个弱小还要听命于老师的学生，我无力抗争，我只能默默地站起身，为那些穿戴整齐的富家子弟制造美景。

在那一瞬间我感觉我的脸在发热，但我没有动怒，也没有自哀自怜，更没有埋怨我的父母为什么不让我穿得体面些，事实上他们为我能受到良好教育已经竭尽全力了。看着在那位摄影师调动下的拍摄场面，我在心底攥紧了双拳，向自己郑重发誓：总有一天，你会成为世界上最富有的人！让摄影师给你照相算得了什么！让世界上最著名的画家给你画像才是你的骄傲！

我的儿子，我那时的誓言已经变成了现实！在我眼里，侮辱一词的词义已经转换，它不再是剥掉我尊严的利刃，而是一股强大的动力，排山倒海，催我奋进，催我去追求一切美好的东西。如果说那个摄影师把一个穷孩子激励成了世界上最富有的人，似乎并不过分。

每个人都有享受掌声与喝彩的时候，那或者是在肯定我们的成就，或者是在肯定我们的品质、人格与道德；也有遭受攻击的侮辱的时候。除去恶意，我想我们之所以会遭受侮辱，是因为我们的能力欠佳，这种能力可能与做人有关，也可能与做事有关，总之不能让他人对你表示尊重。所以，我想说，蒙辱不是件坏事，如果你是一个知道冷静反思的人，或许就会认为侮辱是测量能力的标尺，我就是这样做的。

我知道任何轻微的侮辱都可能伤及尊严。但是，尊严不是天赐的，也不是别人给予的，是你自己缔造的。尊严是你自己享用的精神产品，每个人的尊严都属于他自己；你自己认为自己有尊严，你就有尊严。所以，如果有人伤害你的感情、你的尊严，你要不为所动；你不死守你的尊严，就没有人能伤害你。

我的儿子，你与你自己的关系是所有关系的开始，当你相信自己，并与自己和谐一致，你就是自己最忠实的伴侣。也只有如此，你才能做到宠辱不惊。

爱你的父亲

13
交易的真谛在于交换价值

- 不论你从事哪一个行业,其实都是在从事一个行业,那就是跟人打交道的行业。
- 真实了解自己、了解对手,是保证你在决胜中取得大胜的前提。
- 越是认为自己行,你就会变得越高明,积极的心态会创造成功。
- 主动、预期性的措施几乎总比被动反应有效,且更有力量。
- 每个人所做的第一个选择,也是泄露真相的第一个动作。
- 在一场竞争激烈的谈判中失败,意味着下次赢得谈判的机会将会降低。
- 交易的真谛是交换价值,用别人想要的东西来换取你想要的东西。
- 没有谁愿意出高价,但在最低价之外,人们更希望得到最高的价值。

February 27,1901

亲爱的约翰:

  今晚我会晤了调解人亨利·弗里克先生,我告诉他:"正像我的儿子告诉摩根先生的那样,我并不急于卖掉联合矿业公司。但又像你所猜测的一样,我从来不阻止建立任何有价值的企业。但是,我坚决反对买主居高临下,定下企图将我们排斥在外的价格,我宁可血战到底也不会做这样的生意。"我请弗里克先生转告摩根先生,他想错了。

约翰，看来你还得同摩根先生继续打交道，尽管你讨厌那个家伙。所以，我想给你一些建议，让那个不可一世的家伙知道什么是我行我素的恶果。

儿子，很多人都犯有同样一个错误，他们不知道自己到底是干什么的。其实，不论你从事哪一个行业，譬如经营石油、地产、做钢铁生意，还是做总裁、做雇员，其实都是在从事一个行业，那就是跟人打交道的行业。谈判更是如此，与你开战的不是那桩生意，而是人！

所以，真实了解自己、了解对手，是保证你在决胜中取得大胜的前提。你需要知道，准备是游戏心理的一部分，你必须知己知彼。如果你要拥有实质性的优势，你必须知道：

第一，整体环境：市场状况如何，景气状况如何。

第二，你的资源：你有哪些优势（优点）和弱势（弱点），你有哪些资本。

第三，对手的资源：对手的资产状况如何，他的优势、劣势在哪里。在任何竞争中，谋划大策略的重要因素之一，就是了解对手的优势。

第四，你的目标和态度：太阳神阿波罗的座右铭只有短短的一句话："人贵自知。"你要知道自己在干什么、有什么目标，实现目标的决心有多坚决，认为自己像个赢家还是怀疑自己，在精神与态度上有什么优点和缺点。

约翰，你要记住我的一句话：越是认为自己行，你就会变得越高明，积极的心态会创造成功。

第五，对手的目标和态度：要尽量判断对手的目标，同样重要的是，要设法深入对手的内心，了解他的想法和感受。

毫无疑问，最后这一条——预测和了解对手——是最难实现和利用的，但你要去力争实现。那些伟大的军事将领大多有一个习惯，他们总是尽力了解对手的性格和习惯，以此来判断对手可能做出的选择和行动方向。在所有的竞争活动中，能够了解对手和竞争者也总是很有功效，因为这样你就可以预测对手的动向。主动、预期性的措施几乎总比被动反应有效，且更有力量。俗话说，预防胜于治疗就是这个道理。

在有些时候，你的竞争对手可能是你熟知的人，那你就要多利用这个优势。如果你了解他是一个很谨慎的人，或许你自己最好也要小心一点；如果你觉得他总是很冲动，或许这是在暗示你，要大刀阔斧，否则你就可能被他逼上绝路。

但是，你不必与对手熟识，才能了解他们；只要你能明察秋毫，在谈判桌上你就可以发现很多有价值的东西。善于谈判的人应该要能观察一切。你甚至不必等到开始走出第一步，才开始了解对手。

我们说的话可能会透露或掩饰自己的心意，但我们的选择几乎总是会泄露自己内心的秘密——想法；每个人所做的第一个选择，也是泄露真相的第一个动作。在谈判中你必须了解自己在说什么，如果你真地能掌控一切，就应该能够掌控自己所说的话，为自己带来好处。

同样地，你必须随时保持警惕，以便收到对手发出的信息。如果是这样，你就可以持续掌控明确的优势；做不到这一点，你就可能丧失另一个机会。你需要知道，在一场竞争激烈的谈判中失败，意味着下次赢得谈判的机会将会降低。

做交易的秘诀在于，你要知道不能交易什么和可以交易什么。摩根先生视我们为墙角里的残渣，要清扫出去，但我们必须留在地板上。这是不能谈判的。同时，他还必须给出一个好价钱。但你也要知道，在做生意时，你绝对不能想把钱赚得一干二净，总要留一点给别人赚。

约翰，你知道，我们愿意做这笔交易，是因为我们认为这笔交易对我们有利，这是显而易见的。然而，你不要受制于这种明显而狭隘的观点。

有太多的"聪明人"认为自己的目的不是要交易，而是要捡便宜，希望以最低的价格买到东西。这次摩根一方给出的价格比实际价值低过百万。如果他只想做这种交易，表示他会因此失掉这次他登上美国钢铁行业霸主地位的机会。交易的真谛是交换价值，用别人想要的东西来换取你想要的东西。

要完成一笔好交易，最好的方法是强调其价值。而很多人会犯强调价格、而非价值的错误，常说什么："这的确很便宜，再也找不到这么低的价格了。"不错，没有谁愿意出高价，但在最低价之外，人们更希望得到最高的价值。

　　约翰，在你与摩根先生的谈判中，当涉及金钱的时候，你绝对不要先提金额，要提供他宝贵的价值，强调他从你这里能够买到什么。

　　我相信，人经过努力可以改变世界，达到新的、更美好的境界。祝你好运！

爱你的父亲

14
要具备合作精神

- 合作,在那些妄自尊大的人眼里,它或许是件软弱或可耻的事情,但在我看来,合作永远是聪明的选择,前提是只要对我有利。
- 在任何时候,任何地方,只要存在竞争,谁都不可能孤军奋战,除非他想自寻死路。
- 合作可以压制对手或让对手出局,达到让自己向目标阔步迈进的目的。
- 合作的目的不是去捞取情感,而是要捞到利益和好处。
- 往上爬的时候要对别人好一点,因为你走下坡的时候也许会碰到他们。
- 如果在付钱的时候又送上一份尊重,我就会让他们为我忠心地服务。

May 16,1901

亲爱的约翰:

你与摩根先生的手终于握到了一起,这是美国经济史上最伟大的一次握手,我相信后人一定会慷慨记住这一伟大时刻,因为正如《华尔街日报》所说,它标志着"一艘由华尔街大亨和石油大亨共同打造的超级战舰已经出航,它将势不可当,永不沉没"。

约翰,你知道这叫什么吗?这就是合作的力量。

合作,在那些妄自尊大的人眼里,它或许是件软弱或可耻的事情,但在我看来,合作永远是聪明的选择,前提是只要对我有利。现在,我很想让你

知道这样的事实:

假如说不是上帝成就了我今天的伟业,我很愿意将其归功于三大力量的支持:第一支力量来自于按规则行事,它能让企业得以永续经营;第二支力量来自于残酷无情的竞争,它会让每次的竞争更趋于完美;第三支力量则来自于合作,它可以让我在合作中取得利益、捞得好处。

而我之所以能跑在竞争者的前面,就在于我擅长走捷径——与人合作。在我创造财富之旅的每一站,你都能看到合作的站牌。因为从我踏上社会那一天起我就知道,在任何时候,任何地方,只要存在竞争,谁都不可能孤军奋战,除非他想自寻死路;聪明的人会与他人包括竞争对手形成合作关系,假借他人之力使自己存在下去或强大起来。

当然,我可以做出一个很可能会成为现实的假设,如果我们不与摩根先生牵手,我们双方就很可能会拼个两败俱伤,而我们的对手安德鲁·卡内基先生则会从中渔利,让他在钢铁行业始终一枝独秀的态势继续下去。但现在,卡内基先生一定要捶胸顿足了,想想看,谁会在对手蚕食自己领地的时候还能泰然自若呢?除非他是躺在坟墓里的死人。

合作可以压制对手或让对手出局,达到让自己向目标阔步迈进的目的。换句话说,合作并不见得是追求胜利。遗憾的是,只有为数不多的人才了解其中的奥妙。

但是,合作并不等同于友谊、爱情和婚姻,合作的目的不是去捞取情感,而是要捞到利益和好处。我们应该知道,成功有赖于他人的支持与合作,我们理想与我们自己之间有一道鸿沟,要想跨越这道鸿沟必须依靠别人的支持与合作。

当然,我永远不会拒绝与生意伙伴建立友谊,我相信建立在生意上的友谊远胜过建立在友谊上的生意。例如我与亨利·弗拉格勒先生的合作。亨利是我永远的知己,最好的助手;我与他结盟,他让我得到的不只是投资,更多的是智慧和心灵上的支持。亨利同我一样,从不自满且雄心勃勃,成为石油行业的主人是他的梦想。直到现在,我还记得我们开始合作时的情景,那时候除去吃饭和睡觉,我们几乎形影不离,我们一同上班、下班,一同思考,一同制订计划,相互激励,彼此坚定决心。那段时间,就如同欢度蜜月一样，永远是让我感到愉快的记忆。

如今，几十年过去了，我们依然亲如兄弟，这份情感给多少钱我都不卖。这也是我一直让你叫他亨利叔叔而不要叫他亨利先生的原因。

我从不尝试去买卖友谊，因为友谊不是能用金钱买来的。友谊的背后需要真情的支持。我与亨利之所以有不悔的合作和永远的友谊，不仅仅在于我们是追逐利益的共谋者，更重要的是，我们都是严于律己的人，我们都知道要想让别人怎么待你、你就怎么待别人而且从现在做起的价值。

"己所不欲，勿施于人"，既是我的行为准则，又是我对合作所保有的明智态度。所以，我从不以财势欺凌处于弱势的对手，我情愿与他们促膝谈心，也不愿意摆出盛气凌人的姿态去压服他们。否则，我宁可毁了我们之间的合作，让目标停止在中途。

当然，遇到傲慢无礼的人，我也有总忘不了要羞辱他一番的时候，例如我就曾教训过纽约中央铁路公司的老板范德比尔特先生。

范德比尔特出身贵族，在南北战争中立过战功，享有将军头衔，但他把战场上得到的荣誉当作了他生活中不可一世的资本，并自以为把持着运输大权，就可以把我们当成打短工的。

有一次，亨利找到他要谈运输的事情，可谁知道这个傲慢的家伙竟然说："年轻人，你要与我谈？你的军阶似乎低了些！"亨利从未受到过这样的侮辱，但在那一刻良好的教养帮了他，他没有失态，但回到办公室，他那个漂亮的笔筒却遭了殃，被他摔了个粉身碎骨。

我赶快安慰他："亨利，忘了那混蛋说了什么，我一定为你讨回尊严。"后来范德比尔特急着要与我们做生意，请我们到他那里去谈判，我派人告诉他："可以，但你要到我们办公室来谈。"结果，这位习惯了别人巴结、讨好他的将军，只能屈尊来见比他小四十多岁的年轻人，同时还要屈从两个年轻人提出的条件。我想，在那一刻，范德比尔特将军一定明白了这样一个道理：往上爬的时候要对别人好一点，因为你走下坡的时候也许会碰到他们。

我厌恶以粗暴的态度对待人，更知道耐心、温和对待下属和同事的价值——有利于实现目标。我知道用钱可以买到人才，却不会买到人心，但如果在付钱的时候又送上一份尊重，我就会让他们为我忠心地服务。这就是我能建立起高效管理队伍的成功所在。

但我不希望你因此产生错误的判断，认为合作就是做好人。不！合作不是做好人的问题，而是好处和利益的问题。没有任何结盟是永远持久的，合作只是一种获利战术。当环境发生变化的时候，战术将随之改变，否则，你就输了。现实很严酷，你必须更严酷，但是，你仍要当个好人。

约翰，生命的本质就是斗争和竞争，它们激动人心；但是，当它们发展为冲突时，就往往具有毁灭性和破坏性，而适时的合作则可化解它们。

爱你的父亲

15
不与消极的人为伍

- 明智的人绝不会为命运坐下来哀号。
- 这两种人身上有着共同的思想毒素,极易感染他人的思想毒素,那就是消极。
- 一个人的个性与野心、目前的身份与地位,同与什么人交往有关。
- 经常跟消极的人来往,他自己也会变得消极;跟小人物交往过密,就会产生许多卑微的习惯。
- 我要挑战令人厌恶的逆境,因为智者告诉我,那是通往成功最明智的方向。
- 我们不能阻止他人成为那些无聊的消极分子,却可以不被那些消极人士影响,降低我们的思想水准。
- 说你办不到的人,都是无法成功的人,亦即他个人的成就顶多普普通通而已。
- 如果向一个失败者请教,就跟请求庸医治疗绝症一样可笑。
- 多接近积极成功的人,少同消极的人来往。

May 11,1902

亲爱的约翰:

我想你已经觉察到了,你的某些思想和观念正在发生着变化,因为你的那些朋友。我当然不反对你扩大社交圈，它可以增加你的生活情趣，扩展你的生活领域，甚或帮你找到知己或能帮你实现人生理想的人。但有些人显然不值得你与他交往，比如，那些拘泥于卑微、琐碎的人。

从我年轻的时候开始，我就拒绝同两种人交往。

第一种人是那些完全投降、安于现状的人。他们深信自己条件不足，认为创造成就只是幸运儿的专利，他们没有这个福气。这种人愿守着一个很有保障却很平凡的职位，年复一年浑浑噩噩。他们也知道自己需要一份更有挑战性的工作，这样才能继续发展与成长，但就因为有无数的阻力，使他们深信自己不适合做大事。

明智的人绝不会为命运坐下来哀号。但这种人只会哀叹命运不济，却从不欣赏自己，从不把自己看成是更有分量、更有价值的人，他们失去了使自己全力以赴的感觉和自我鼓励的功能，反让消极占据了自己的内心。

第二种人是不能将挑战进行到底的人。他们曾经非常向往成就大事，也曾替自己的工作大做准备，制订计划。但是过去几十年或十几年后，随着工作阻力的慢慢增加，为更上层楼需要艰苦努力的时候，他们就会觉得这样下去实在不值得，因而放弃努力，变得自暴自弃。

他们会自我解嘲："我们比一般人赚得多，生活也比一般人要好，干吗不知足，还要冒险呢？"其实这种人已经有了恐惧感，他们害怕失败，害怕大家不认同，害怕发生意外，害怕失去已有的东西。他们并不满足，却已经投降。这种人有些很有才干，却因不敢重新冒险，才愿意平平淡淡地度过一生。

这两种人身上有着共同的思想毒素，极易感染他人的思想毒素，那就是消极。

我一直以为，一个人的个性与野心、目前的身份与地位，同与什么人交往有关。经常跟消极的人来往，他自己也会变得消极；跟小人物交往过密，就会产生许多卑微的习惯。反过来说，经常受到大人物的熏陶，自会提高自己的思想水准；经常接触那些雄心万丈的成功人士，也会使他养成迈向成功所需要的野心与行动。

我喜欢同那些永远也不屈服的人做朋友。有个聪明人说得好："我要挑战令人厌恶的逆境,因为智者告诉我,那是通往成功最明智的方向。"只是这种人少之又少。

这种人绝不让悲观来左右一切,绝不屈从各种阻力,更不相信自己只能浑浑噩噩虚度一生。他们活着的目的就是获得成就。这种人都很乐观,因为他们一定要完成自己的心愿。这种人很容易成为各个领域的佼佼者。他们能真正地享受人生,也真正了解生命的可贵与价值。他们都盼望每一个新的日子,以及跟别人之间的新接触,因为他们把这些看成是丰富人生的历练,因此热烈地接受。

我相信人人都希望列入其中,因为只有这些人才能成功,也只有这些人才真正做事,并且能得到他们期盼的结果。

不幸的是,消极的人随处可见,也使很多很多的人无法逃脱消极之墙的围困。

在我们周围的人并非人人相同,有些消极保守,有些则积极进取。曾与我共事的人,有些人只想混口饭吃,有些则胸怀大志、野心勃勃,想要有更好的表现,他们也了解,在成为大人物前,必须先做个好的追随者。

要有所成就就要避免落入各式各样的陷阱或圈套。在任何一个地方都有人自知不行,却硬要挡住你上进的路,阻止你更上层楼。有许多人因为力争上游,而被人嘲笑甚至被恐吓。还有些人非常嫉妒,看到你努力上进,力求表现,会想尽办法来作弄你,要你难堪。

我们不能阻止他人成为那些无聊的消极分子,却可以不被那些消极人士影响,降低我们的思想水准。你要让他们自然溜过,就像水鸭背后的水一样自然滑过。时时跟随思想积极前进的人,跟着他们一起成长、一起进步。

你确实能够做到这一点,只要你的思想正常,一定可以办到,而且你最好要这样做。

有些消极的人心肠很好;另外还有一些消极的人,自己不知上进,还想把别人也拖下水,他们自己没有什么作为,所以想使别人也一事无成。记住,约翰,说你办不到的人,都是无法成功的人,亦即他个人的成就顶多普普通通而已。因此这种人的意见,对你有害无益。

你要多加防范那些说你办不到的人,只能把他们的警告看成证明你一定办得到的挑战。你还要特别防范消极的人破坏你迈向成功的计划，这种人随处可见，他们似乎专门破坏别人的进步与努力。千万要小心，要多多提防那些消极的人，千万不要让他们破坏你的成功计划。不要让那些思想消极、度量狭窄的人妨碍你的进步。那些幸灾乐祸、喜欢嫉妒的人都想看你摔跤，不要给他们机会。

当你有任何困难时，明智的做法是找第一流的人物来帮你。如果向一个失败者请教，就跟请求庸医治疗绝症一样可笑。你的前途很重要，千万不要从长舌妇那里征求意见，因为这种人一辈子都没有出息。

你要重视你的环境，就像食物供应身体一样，精神活动也会滋润你的心理健康。要使你的环境为你的工作服务，而不是拖累你。不要让那些阻力，亦即专门扯你后腿的人使你萎靡不振。让环境帮助你成功的方法是：多接近积极成功的人，少同消极的人来往。

每一件事情都要做得尽善尽美。你付不起贪小失大所累积的种种额外负担。

爱你的父亲

16
做目的主义者

- 每一位领导都是一位希望大使，是带领部属安度眼前无法避免的荆棘道路上的向导，但不辜负部属的期望却很难。
- 找到可以保证完成任务的人，就等于为我创造了时间。
- 我们选择什么样的态度，也就决定了我们要采取什么样的行为。
- 明确、果断的目的，更会让我们专注于所选择的方向，并尽力达成目标。
- 一个人所达成的任务，以及他最终的表现，与他的目的的本质与力量息息相关，而与他为了目标所做的事情几乎无关。
- 如果你无法主动确立自己的目的，你就会被动或不自觉地选择其他目的，结果很可能会让你失去掌控全局的能力，同时你也将受制于使你分心或搅乱你的人或事件。
- 杰出的领导者都善于动用两种无形的力量：信任和尊重。
- 公开你的目的，更能避免无益的推论。
- 领导者的天职是发现问题，而解决问题要依靠部属。
- 亮出你的目的，热情地对待每个人，就能实现你所要的。

May 11，1902

亲爱的约翰：

你能走向标准石油的核心，是你的荣耀，也是我的荣耀。然而，你需要知道，当你在享受这个荣耀的时候，无疑地，你也要肩负起与之相伴的责任。否则，你就将有愧于这个荣耀，更会辜负众人对你的希望和信任。别忘了，你是标准石油公司的中坚。我们事业的最终成败，已与你息息相关，你当以更高的力量与牺牲标准来要求自己。

坦率地说，你要想在那个位置上干得出色，让大家认同你、敬佩你，你需要学习的东西还很多。现在，你需要思考一个问题：你自己是否能成功掌握这个角色？

每一位领导都是一位希望大使，是带领部属安度眼前无法避免的荆棘道路上的向导，但不辜负部属的期望却很难。作为领导者，无论是谁，都会面临诸多难题，譬如，堆积如山的工作，排山倒海般滚滚而来资讯，突然发生的变故，最高管理层、投资人和客户无止境的要求，难以调教的雇员，始终在变动的挑战……这些能让你疲于奔命，感到挫折、恐惧、焦虑和不知所措，以致摧毁你要取得商业成就与个人成就的梦想。

但是，有时成为一个充满信心与活力的卓越领导者，比成为一个活力尽失、在挣扎无助中度日的领导者更容易，前提是他需要知道如何让部属甘心卖命。注意，是甘心，而不是被迫。

作为标准石油公司的领袖，我既享有权威又享有愉悦，因为我知道，找到可以保证完成任务的人，就等于为我创造了时间。换句话说，这不仅会让我精力充沛，更重要的是，它会让我有更多的时间去思考怎么能为公司赚更多的钱。

这里面有一个态度问题：行动受态度驱使。我们选择什么样的态度，也就决定了我们要采取什么样的行为。至于结果，则很快就能见分晓。人可以经由改变自己的态度改变自己的人生，如果你相信能够改变态度，你就能够改变。

聪明人总会选择对自己最有利的态度。懂得领导艺术的人，总会自问：怎样的态度才能帮自己达到真正想要的结果？是鼓舞激励的态度？还是抱持同情的态度？他们永远不会选择冷淡或敌意的态度。

如果你把自己视为高高在上、一言九鼎的专制君主，你很可能会成为下一个法王路易十六。就我而言，我从不专横跋扈、制造冲突，或者给予自身过大压力，反倒有给予部属信任、鼓舞士气、达成我所期望的商业成就的习惯，这个习惯会帮助我实现活用部属的目的。要做到这一点，方法很简单，那就是要知道如何运用设定目的的力量。

我是一个目的主义者，我从不像有些人那样夸大目标的作用，却异常重视目的的功能。在我看来，目的是激发我们潜能的关键，是主导一切的力量，它可以影响我们的行为，激励我们制造达到目的的手段。明确、果断的目的，更会让我们专注于所选择的方向，并尽力达成目标。

我的经验告诉我，一个人所达成的任务，以及他最终的表现，与他的目的的本质与力量息息相关，而与他为了目标所做的事情几乎无关。想想看，没有一杆完成的高尔夫球比赛，你需要一洞一洞打过去，你每打出一杆的目的就是离球洞越近越好，直到把它打进。

目的是我领导的依据，目的就是一切。我习惯于在做任何事情之前先确立目的，而且每天我都要设定目的，无数的目的，譬如与合伙人谈话的目的，召集会议的目的，制订计划的目的，等等。我在做事之前也会先检视自己设定的目的。通常在我到达公司时，我已经成功做好了万全的准备。所以，在我心里从未出现过诸如"我没有办法""我不管了""没有希望了"等具有吞噬性的声音。每一天确立的目的，已经抵消了这些失败的力量。

如果你无法主动确立自己的目的，你就会被动或不自觉地选择其他目的，结果很可能会让你失去掌控全局的能力，同时你也将受制于使你分心或搅乱你的人或事件。

这就像将一艘游艇自码头松开绳索，却忘记了启动发动机一样。你将随波逐流，海风、水流或其他船只随时都会让你葬身海底。也许对岸有好事等着你，但是除非奇迹出现，否则你无法顺利到达对岸。确立目的就如同开启游艇的引擎，能驱动你朝向所选择的道路前进。目的可为人类的努力增添方向与力量。

但是，确立目的只是走到了成为目的主义者的中途；你还要走另一半路程，你需要毫无保留地向你的部属陈述你的目的——你个人的企图、动机与内心的战略计划。对于每一位需要了解我所要达成目的的人，我会向他们说明我的目的。在每次会谈、会议、报告中或事情开始阶段，我都会先表达出我的动机、想法、以及期望。

这样做的好处会让你感到惊讶。它不仅能使部属清楚你的目的，知晓正确的前进方向，最重要的是，当你勇于将目的开诚布公之后，你将收获情感上的忠诚。要知道忠诚是甘心效命的开始。

杰出的领导者都善于动用两种无形的力量：信任和尊重。当你诚实地说出你的目的时，你也传递了这样的信息："因为我对你有足够的信任，所以我愿意向你表白。"它将开启让人信任你的大门，而在大门外，你拥抱的不仅是部属的能力，还有来自他们的无价忠诚——要凝聚力量来帮助你的忠诚。信赖别人并使别人也信赖我，是我一生取得成就的重要原因。

公开你的目的，更能避免无益的推论。如果你不告诉部属你的目的，他们就会花时间猜想臆测你的目的，根据所能搜集到的蛛丝马迹进行推测，而这些信息都很容易受到扭曲。只有不需要解读你的动机时，部属的士气与能力才有机会获得提升。所以，把部属当成"傻瓜"似乎更有利。

目的表明的力量是无可取代的，它所传达出的不仅是一项声明，同时也是领导者对于个人行为勇敢坚决的誓言。出自坚决意志与绝对韧性的目的，往往能够激励、鼓舞部属，使他们在以后的工作中能有更杰出的表现。

领导者的天职是发现问题，而解决问题要依靠部属；如何把部属调动起来，完成他们的职责是领导者第一考虑的要事。我认为，亮出你的目的，热情地对待每个人，就能实现你所要的。

目的就如同钻石：如果要它有价值，它必须是真实的。不诚恳的目的表白只会坏事。如果一个人滥用目的的力量，他只会破坏彼此间的信任，并失去别人的信赖。这就是表达目的的风险。

约翰，到达地狱的路，是由善意铺成的。除非你已做好万全的准备，否则这句话很可能成真。

爱你的父亲

17
忍耐是一种策略

- 屈从是思想的大敌,也是自由的狱吏。
- 对一个胸怀大志的人而言,保持必要的屈从与忍耐,恰恰是一条屡试不爽的成功策略。
- 忍耐不是盲目的容忍,你需要冷静地考量情势,要知道你的决定是否会偏离或损害你的目标。
- 忍耐并非忍气吞声,也绝非卑躬屈膝;忍耐是一种策略,同时也是一种性格磨炼,它所孕育出的是好胜之心。
- 能忍人所不能忍之忤,才能为人所不能为之事。
- 在任何时候,冲动都是我们最大的敌人。
- 做决策时不要受感情左右,而是完全根据需要来做决定,要永远知道自己想要什么。

September 2,1902

亲爱的约翰:

  非常感谢你对我的信任,告诉我你退出花旗银行董事会的事情。我当然理解你为什么这样做,你已经无法继续忍受同仁们的某些做法,更不想继续屈从于他们。

  但是,你的决定是否明智,似乎还有待于时间来证实。理由很简单,如果你不主动放弃花旗银行董事的职位，而是选择留在那里，或许你会得到更多。

我知道，屈从是思想的大敌，也是自由的狱吏。然而，对一个胸怀大志的人而言，保持必要的屈从与忍耐，恰恰是一条屡试不爽的成功策略。追溯过往，我曾经忍耐过许多，也因忍耐得到过许多。

在我创业之初，由于资金缺乏，我的合伙人克拉克先生邀请他昔日的同事加德纳先生入伙，对此我举双手赞成，因为有了这位富人的加入，就意味着我们可以做我们想做、有能力做、只要有足够资金就能做成的事情。

然而，出乎我意料的是，克拉克带来了一个钱包的同时，却送给了我一份屈辱：他们要把克拉克—洛克菲勒公司更名为克拉克—加德纳公司，而他们将洛克菲勒的姓氏从公司名称中抹去的理由是：加德纳出身名门，他的姓氏能吸引更多的客户。

这是一个大大刺伤我尊严的理由！我愤怒啊！我同样是合伙人，加德纳带来的只是他那一份资金而已，难道他出身贵族就可以剥夺我应得的名分吗？！但是，我忍下了，我告诉自己：你要控制住你自己，你要保持心态平静，这只是开始，路还长着哪！

我故作镇静，装作若无其事的样子告诉克拉克："这没什么。"事实上，这完全是谎言。想想看，一个遭受不公平、自尊心正受到伤害的人，他怎么能有如此的宽容大度！但是，我用理性浇灭了我心头燃烧着的熊熊怒火，因为我知道这会给我带来好处。

忍耐不是盲目的容忍，你需要冷静地考量情势，要知道你的决定是否会偏离或损害你的目标。对克拉克大发雷霆不仅有失体面，更重要的是，它会给我们的合作制造裂痕，甚至招致一脚把我踢出去、让我从头再来的恶果。而团结则可以形成合力，让我们的事业越做越大，我的个人力量和利益也必将随之壮大。

我知道自己要到哪里去。在这之后我继续一如既往、不知疲倦地热情工作。到了第三个年头，我就成功地把那位极尽奢侈的加德纳先生请出了公司，让克拉克—洛克菲勒公司的牌子重新竖立起来！那时人们开始尊称我为洛克菲勒先生，我已成为富人。

在我眼里忍耐并非忍气吞声，也绝非卑躬屈膝；忍耐是一种策略，同时也是一种性格磨炼，它所孕育出的是好胜之心。这是我与克拉克先生合作期间得出的心得。

我崇尚平等，厌恶居高临下发号施令。然而，克拉克先生在我面前却总要摆出趾高气扬的架势，这令我非常反感。他似乎从不把我放在眼里，把我视为目光短浅的小职员，甚至当面贬低我，除了记账和管钱之外一无所能，没有他我更一文不值。这是公然的挑衅，我却装作充耳不闻，我知道自己尊重自己比什么都重要。但是，我在心里已经同他开战，我一遍一遍地叮嘱自己：超过他，你的强大是对他最好的羞辱，是打在他脸上最响的耳光。

结果正像你所知道的那样，克拉克—洛克菲勒公司永远成为了历史，取代它的是洛克菲勒—安德鲁斯公司，我就此搭上了成为亿万富翁的特快列车。能忍人所不能忍之忤，才能为人所不能为之事。

在任何时候，冲动都是我们最大的敌人。如果忍耐能化解不该发生的冲突，这样的忍耐永远是值得的；但是，如果顽固地一意孤行，非但不能化解危机，还会带来更大的灾难。安德鲁斯先生似乎并不明白这个道理。

安德鲁斯先生是一个没有商业头脑却自以为是的人，他缺乏成为伟大商人的雄心，却有着邪恶的偏见。这种人与我发生冲突毫不奇怪。

导致我们最终分道扬镳的那场冲突，缘于公司发放股东的红利。那一年我们干得不错，赚了很多钱，可是我不想把公司赚到的钱全都让股东们拿回家，我希望能将其中的一半收益再投入到公司的经营中去。但安德鲁斯坚决反对，这个自私自利的家伙想把赚来的钱全分了，甚至怒气冲冲地威胁我说，他不想在公司继续干下去了。我不能忍受任何阻止公司强大的想法。我只能向他摊牌，请他为他持有的股票开价，他说一百万，我说没问题，第二天我就用一百万买下了。

钱一到手，安德鲁斯兴奋极了，他自以为自己交了好运，认为他卖给我的股票根本不值一百万。但他没有想到，我很快一转手就赚了三十万。这事传到他那里，他竟然骂我手段卑鄙。我不想因为区区三十万就落得个卑鄙的名声，就派人告诉他可以按原价收回。但懊恼中的安德鲁斯拒绝了我的好意。事实上他拒绝的是一次成为全美巨富的机会，如果他能把他价值一百万的股票保留到今天，就会成为当然的千万富翁。但为赌一时之气，他丧失了终生再也抓不住的机会。

　　约翰，在这个世界上要我们忍耐的人和事太多太多，而引诱我们感情用事的人和事也太多太多。所以，你要修炼自己管理情绪和控制感情的能力，要注意在做决策时不要受感情左右，而是完全根据需要来做决定，要永远知道自己想要什么。你还需要知道，在机会的世界里，没有太多的机会可以争取。如果你真的想成功，你一定要掌握并保护自己的机会，更要设法抢夺别人的机会。

　　记住，要天天把忍耐带在身上，它会给你带来快乐、机会和成功。

爱你的父亲

18
信心驱使我们走向成功

- 真正相信自己能够移山的人不多，结果，真正做到的人也不多。
- 胜利是一种习惯，失败也是一种习惯。如果想成功，就得取得持续性的胜利。
- 相信会成功，是已经成功的人所拥有的一项基本而绝对必备的要素。
- 如果他们不能将自信抬高，他们就能在自我评估中畏缩，变得愈来愈渺小。
- 每个人迈向成功的第一个步骤，也是不能漏掉的基本步骤，就是要相信自己，要相信自己一定能够成功。

June 7, 1903

亲爱的约翰：

你说得很对，雄才大略的智慧可以创造奇迹。然而，现实中创造奇迹的人总是寥若晨星，而平庸之流却辈出不穷。

耐人寻味的是，人人都想要大有所为。每一个人都想要获得一些最美好的东西。每一个人都不喜欢巴结别人，过平庸的日子，也没有人喜欢作二流人物，或被迫进入这种境况。

难道我们没有雄才大略的智慧吗？不！最实用的成功智慧早已写在《圣经》之中，那就是"坚定不移的信心足可移山"。可为什么还有那么多失败者呢？我想那是因为真正相信自己能够移山的人不多，结果，真正做到的人也不多。

绝大多数的人都视那句圣言为荒谬的想法，认为那是根本不可能的。我以为这些不可理喻的人犯了一个常识性的错误，他们错把信心当成了"希望"。不错，我们无法用"希望"移动一座高山，无法靠"希望"取得胜利或平步青云，也不能靠希望而拥有财富和地位。

但是，信心的力量却能帮助我们移动一座山岳，换句话说，我们要相信自己能够成功。你也许认为我将信心的威力神奇或神秘化了，不！信心产生"我确实能做到"的信念，相信"我确实能做到"能产生创造成功所必备的能力、技巧与精力。每当你相信"我能做到"时，自然就会想出"如何解决"的方法，成功就诞生在成功解决问题之中。这就是信心发挥作用的过程。

每一个人都"希望"有一天能进入最高阶层，享受随之而来的成功果实。但是他们绝大多数偏偏都不具备必需的信心与决心，他们也便无法达到顶点。也因为他们以为达不到，以致找不到登上巅峰的途径，他们的事业也就一直停留在一般人的水平。

但是，有少部分人真地相信他们总有一天会成功。他们抱着"我就要登上巅峰"的心态来进行各项工作，并且凭着坚强的信心而达到目标，我认为我就是他们当中的一员。当我还是一个穷小子的时候，我就自信我一定会成为天下最富有的人，强烈的自信激励我想出各种可行的计划、方法、手段和技巧，一步步攀上了石油王国的顶峰。

我从不相信失败是成功之母，我只坚信信心是成功之父。胜利是一种习惯，失败也是一种习惯。如果想成功，就得取得持续性的胜利。我不喜欢取得一时的胜利，我要的是持续性胜利，只有这样我才能成为强者。信心激发了我成功的动力。

信心会结出伟大的成果，是所有伟大的事业、名著、剧本，以及科学新知背后的动力。相信会成功，是已经成功的人所拥有的一项基本而绝对必备的要素。但失败者"慷慨地"丢掉了这些。

我曾与许多在生意场中失败过的人谈话，听过无数失败的理由与借口。

这些失败者在说话的时候，时常会在无意中说："老实说，我并不以为它会行得通。""我在开始进行之前就感到不安了。""事实上，我对这件事情的失败并不会太惊奇。"

采取"我暂且试试看，但我想还是不会有什么结果"的态度，最后一定会招致失败。"不信"是消极的力量。当你心中不以为然或产生怀疑时，你就会想出各种理由来支持你的"不信"。怀疑、缺乏信心、潜意识要失败的倾向，以及不是很想成功，都是失败的主因。心中存疑，就会失败。

相信会胜利，就必定成功。信心的大小决定了成就的大小。庸庸碌碌、过一天算一天的人，自以为做不了什么事，所以他们仅能得到很少的报酬。他们相信不能做出伟大的事情，他们就真的不能。他们认为自己很不重要，他们所做的每一件事都显得无足轻重。久而久之，连他们的言行举止也会表现得缺乏自信。如果他们不能将自信抬高，他们就能在自我评估中畏缩，变得愈来愈渺小。而且他们怎么看待自己，也会使别人那样看待他们，于是这种人在众人的眼光下又会变得更渺小。

那些积极向前的人，肯定自己有更大的价值，他就能得到很高的报酬。他相信他能处理艰巨的任务，真的就能做到。他所做的每一件事情，他的待人接物，他的个性、想法和见解，都显示出他是专家，他是一位不可或缺的重要人物。

照亮我的道路，不断给我勇气，让我愉快正视生活的理想正是信心。在任何时候，我都不忘增强信心。我用成功的信念取代失败的念头。当我面临困境时，想到的是"我会赢"，而不是"我可能会输"。当我与人竞争时，我想到的是"我跟他们一样好"，而不是"我无法跟他们相比"。机会出现时，我想到的是"我能做到"，而不是"我不能做到"。

每个人迈向成功的第一个步骤，也是不能漏掉的基本步骤，就是要相信自己，要相信自己一定能够成功。要让关键性的想法"我会成功"支配我们的各种思考过程。成功的信念会激发我的心智创造出获得成功的计划。失败的意念正好相反，使我们去想一些会导致失败的念头。

我定期提醒自己：你比你想象的还要好。成功的人并不是超人。成功不需要超人的智力，不是看运气，也没有什么神秘之处。成功的人只是相信自己、肯定自己所作所为的平凡人。永远不要、绝对不要廉价出售自己。

每个人都是他思想的产物，想的是小的目标，就可预期成果也是微小的。想到伟大的目标就会赢得重大的成功。而伟大的创意与大计划通常比小的创意与计划要来得容易，至少不会更困难。

那些能够在商业、传教、写作、演戏，以及其他成就的追求上达到最高峰的人，都是因为能够踏实、有恒地奉行一个自我发展与成长的计划。这项训练计划会为他们带来一系列的报酬：获得家人更尊敬的报酬；获得朋友与同事赞美的报酬；能觉得自己有价值的报酬；成为重要人物的报酬；收入增加、生活水准提高的报酬。

成功——是生命的最终目标，它需要我们用积极的思考去呵护。当然，在任何时候我们都不能让信念出问题。

爱你的父亲

19
找出把事情做得更好的方法

- 被委以重任者是能找出把事情做得更好的方法的人。
- 相信某一件事可以做成，就会为我们提供创造性的解决之道，将我们各种创造性的能力发挥出来。
- 做任何事都不可能只找到一种最好的方法，最好的方法正如创造性的心灵那样多。
- 各种计划都不可能达到绝对的完美，这意味着一切事物的改良可以无止境地进行。
- 要找出完美想法的最佳途径，就是拥有许多想法。
- 最大的成功都是那些曾经有"我能把事情做得更好"的态度的人。
- 我们的心态决定我们的能力。

December 4，1903

亲爱的约翰：

  我不赞同你的观点，让罗杰斯担当重任，独当一面。事实上，我曾为此做过努力，但结果颇令我失望。我的用人原则是，被委以重任者是能找出把事情做得更好的方法的人。但罗杰斯显然不够格，因为他是个懒于思考的人。

  在我有心启用罗杰斯之前，我为考查他，问了一个问题。我说："罗杰斯先生，你认为政府怎么做才能在三十年内废除所有的监狱？"他听了显得很困惑，怀疑自己听错了，一阵沉默过后，他便开始反驳我："尊敬的洛克菲勒先生，您的意思是要把那些杀人犯、强盗以及强奸犯全部释放吗？您知道这样做会有什么后果吗？如果真是那样，我们就别想得到安宁了。不管怎样，一定要有监狱。"

我希望把罗杰斯那颗铁板一块的脑袋砸开一道缝，我提醒他："罗杰斯，你只说了不能废除的理由。现在，你来试着相信可以废除监狱。假设可以废除，我们该如何着手？"

"这太让我勉强了，洛克菲勒先生，我无法相信，我也很难找出废除它的方法。"这就是罗杰斯的办法——没有办法。

我想象不出，当给予他重任，当机会或危难来临的时候，他是否会动用他所有的才智去积极应对。我不信任罗杰斯，他只会将希望变成没希望。

找出把事情做得更好的方法，是将任何事情都能做成的保证。这不需要有超人的智慧，重要的是要相信能把事情做成，要有这种信念。当我们相信某一件事不可能做到的时候，我们的大脑就会为我们找出各种做不到的理由。但是，当我们相信——真正地相信，某一件事确实可以做到，我们的大脑就会帮我们找出各种方法。

相信某一件事可以做成，就会为我们提供创造性的解决之道，将我们各种创造性的能力发挥出来。相反，不相信事情能够做成功，就等于关闭了我们创造性解决问题之道的心智，不但会阻碍发挥创造性的能力，同时还将毁灭我们的理想。所谓"有志者、事竟成"是创造成就的根本，不过如此。

我厌恶我的手下人说"不可能"。"不可能"是失败的用语，一旦一个人被"那是不可能的"想法所支配，他就能生出一连串的想法来证明他想得没错。罗杰斯就犯了这种错误，他是个传统的思考者，他的心灵都是麻木的，他的理由是：这已经实行一百年了，因此一定是个好办法，必须维持原样，又何必冒险去改变呢？而事实上往往只要用心去想办得到的原因，就可以达成。"普通人"总是憎恶进步。

我相信，做任何事都不可能只找到一种最好的方法，最好的方法正如创造性的心灵那样多。没有任何事是在冰雪中生长的，如果我们让传统的想法冻结我们的心灵，新的创意就无法滋长。

传统的想法是创造性的计划的头号敌人。传统性的想法会冰冻我们的心灵，阻碍我们增长真正需要的创造性能力。罗杰斯就犯了这样的错误，他应该乐于接受各种创意，要丢弃"不可行""办不到""没有用""那很愚蠢"等思想的渣滓；他也要有实验精神，勇于尝试新的东西，这样就将扩展他的能力，为他担负更大的责任做准备。同时，他也要主动前进，不要想：这通常是我做这件事的方式，所以在这里我也要用这种方法，而要想：有什么方法能比我们惯用的方法做得更好呢？

　　各种计划都不可能达到绝对的完美，这意味着一切事物的改良可以无止境地进行。所以我经常会再寻找一些更好的方法，我不会问自己：我能不能做得更好？我知道我一定办得到，所以我会问：我要怎样才能做得更好？

　　要找出完美想法的最佳途径，就是拥有许多想法。我会不断地为自己和别人设定较高的标准，不断寻求增进效率的各种方法，以较低的成本获得较多的报酬，以较少的精力做更多的事情。因为我知道，最大的成功都是那些曾经有"我能把事情做得更好"的态度的人。

　　培养我能做得更好的态度，要每天想：我今天要怎样把工作做得更好？今天我该如何激励员工？我还能为公司提供哪些特殊的服务呢？我该如何使工作更有效率呢？这项练习很简单，但很管用。你可以试试看，我相信你会找到无数创造性的方法来赢得更大的成功。

　　我们的心态决定我们的能力。我们认为我们能做多少我们就真地能做多少。如果我们真地相信自己能做得更多，我们就能创造性地思考出各种方法。

　　任何拒绝新的挑战的做法都是非常愚蠢的。我们要集中心思于怎样才可以做得更多。如此，许多富有创造性的答案都会不期而至。例如，改善目前工作的计划，或者处理例行工作的捷径，或者删除无关紧要的琐事。换句话说，那些使我们做得更多的方法多半都在这时候出现。

　　约翰，你可以跟罗杰斯谈谈，我希望他能有所改变，到那时候他也许就有好日子过了。

爱你的父亲

20
永远做策略性思考

- 我是能够创造多种选择、直至挑选出最能创造商业利益的鱼的渔夫。
- 不论你做什么,要找出完美想法的最佳途径,就得拥有许多想法。
- 单纯操弄手段的计划者只配给策略者提鞋。
- 策略所提供的是一个大方向,而非达到成功的唯一方式。
- 无论情况看起来或是实际上有多糟糕,请擦亮眼睛找出其中蕴含的无限希望——永远不要放弃寻找,因为希望永远存在。
- 希望源自于相信有其他选择的存在。
- 我们要勇于在别无选择中,毅然杀出一条生路。

October 14,1904

亲爱的约翰:

汉密尔顿医生又发福了,看来高尔夫运动无法抑制他的腰围向外扩张,他只能借助其他运动方式来减少脂肪了。不幸的是,能防止他增重的运动还没被发明,他很痛苦。不过,他倒总能为我们带来快乐,用他脑子里各种稀奇古怪的故事。

今天,汉密尔顿医生用一个渔夫与垂钓者的故事,又娱乐了我们。或许是看到我们各个捧腹大笑,医生显得很得意,他笑着问我:"洛克菲勒先生,您是想做渔夫,还是想做垂钓者?"我告诉他,如果我做了垂钓者,或许我就没有资格同诸位打高尔夫了。

因为我靠有效的行为策略来创造商业利益，而垂钓者的行为方式不能保证我成功。当然，没有一个垂钓者会愚蠢到只知丢下鱼饵而不事先思考、计划、决定：要钓哪种鱼，用什么样的饵料，需要将鱼线抛到哪里，而后才坐等大鱼上钩。就形式而言，他们没做错什么，但结果是否如愿却没人知道。

也许花上一段时间他们会钓到鱼，也许他们一条鱼都钓不到，而那条他们理想中的鱼，也许永远不会上钩。因为他们太执着于自己的方式，尽管他们很清楚自己的目标，但他们的方式却限制了成功的可能——除了那条鱼线所及之处，他们捕鱼的范围等于零。但是，如果能像渔夫那样，张网捕鱼，就将扩大捕鱼范围，而丰富的鱼量会让他们有许多的选择机会，并最终捕获到他们想要的鱼。

我告诉汉密尔顿先生和我的球友们，我不是刻板固执、按部就班、以简单方式来解决问题的垂钓者；我是能够创造多种选择、直至挑选出最能创造商业利益的鱼的渔夫。他们都笑了，说我泄露了赚钱的秘密。

约翰，不论你做什么，要找出完美想法的最佳途径，就得拥有许多想法。在做出最完美的决定之前，我会致力于寻找具有创意与功效的各种可能性选择，考量多种可能性方案，并积极尝试各种选择，然后才将重点放在最好的选择上。

这就是我总能捕到我想要的大鱼的原因。当然，在执行计划的过程中，我也会保持开放策略，顺应时势，不断地进行调整或修正我的计划；所以，即使计划进展并不顺利，我都不会惊慌失措，却总能沉着应对。

很多人都认为我有着非凡的能力，是一位充满效率与行动能力的领导者。如果真是这样，我想你也可以获得这样的赞誉，只是你需要克制找寻简单、单向解决方案的冲动，乐于尝试能达成目标的各种可能性办法，拥有在困难面前付诸行动的耐心、勇气和胆略，以及不达目的决不罢休的执着精神。

单纯操弄手段的计划者只配给策略者提鞋。作为总裁，我只为部属设立清楚明确的方向或策略，但不会将自我局限于过分僵化的行动计划中。相反地，我会持续探索能够实现策略的各种可能性。

许多人都坚持认为，成功的关键在于扎实的策略计划，而这项计划必须由具体、可衡量、可达成以及实际的行动目标作为后盾。我承认这样做很重要，但它有致命的缺陷。计划强调的是判断的标准与预设的成果，人们所采行的也是认为可达成目标的固定方法。由于这些方案依据的是预期能达成目标的已知方法，因此我们在开始行动之前，其实已经局限了范围。

　　尽管在我们提笔拟定计划之际，该计划看起来似乎天衣无缝，但是局势在计划定稿之前情况可能已经转变了，也就是说，不仅市场的状况早已改变，客户早已改变，就连所能支持计划的资源也已改变。这也难怪这些成本高昂、又耗时费力的策略，仅有极少的部分能真正被执行。

　　要如何适应这种状况呢？不论我们是为公司或是单一部门拟定计划，我们都必须确认自己所拟定的是策略，而非手段。策略的本质是弹性的、长远的、多面向的、大格局的。它们强调的是如何成长或扩大利润这类的成果，而不是某个可衡量的目标。同时，策略所提供的是一个大方向，而非达到成功的唯一方式。

　　要成为杰出的领导者，我们必须让自己成为一位策略性的思考者，而不仅是手段的设计者。我们还得避免将自己局限于既定的文件流程中，我们的座右铭将是：专注，但是具有弹性空间。我们着重于探索的过程，在每一天的分分秒秒中，我们都能开创有助于达成长远目标的可能方向。

　　我们不会固守三种、五种方式来达成远程目标，而是在无时无刻都能发掘获取利润的机会——不论是在与对手的交谈中，还是在与部属进行脑力激荡的会议中。

　　为了远离危机风暴，我们必须不断地拟定新的策略，同时调整旧有的计划。在适应每天商业环境改变的同时，我们也必须依据情势的变化来修正长远的进程。这样在短期内我们不但能维持弹性的作风，同时从长期来看，我们对一个能符合最新经济环境的弹性理想目标，也有了清楚的概念。我们可将陈腐的策略计划束之高阁，并且精力充沛、满怀希望地在朝气蓬勃的环境中步调一致地向前迈进。

　　要做一名希望主义者。无论情况看起来或是实际上有多糟糕，请擦亮眼睛找出其中蕴含的无限希望——永远不要放弃寻找，因为希望永远存在。

我相信所有的领导者都负有提供希望的义务，而且不但要替自己，同时也要为雇员指引出一条康庄大道。回想一下生命中你感到最没有希望的那段时日，那很可能是因为你觉得自己已经走投无路，或者相信自己没有任何其他选择了；你被困住、被放弃、找不到出路。

克服绝望的方式只有一种，那就是持续创造出各种可能性以跨越障碍。简单地说，希望源自于相信有其他选择的存在。

杰出的领导者具备能够应付特定商业状况的腹案、创造新市场的机动计划、因应危机的锦囊妙计，以及为自己与员工发展事业的蓝图。当局势似乎跌到谷底而无可挽回时，他们就像骁勇善战的摔跤手一样，即使被对手压制在地难以脱身，他们也永远不会放弃能够翻身的任何机会。

凭借着他们的才能、灵活的身段，以及随机应变的智慧，他们巧妙地找到空隙并逃脱险境。他们在别无选择的劣势下，硬是杀出一条生路。

如果能在一开始就勇于发挥创意，就能够避免无止境的疲于奔命、挫折与痛苦。

事情看来已到了绝望的地步时，如果我们依然保持着无穷的希望，我们就能超越自己所设定的界线，且能提供给部属新的选择。所以，我们要勇于在别无选择中，毅然杀出一条生路。

爱你的父亲

21
不为失败找借口

- 赢本身并不代表一切，而努力去赢的做法才是最重要的。
- 一个人越是成功，越不会找借口，处处亨通的人，与那些没有什么作为的人之间最大的差异，就在于借口。
- 事实上，没有一个人是完全健康的，每个人的身体多少都会有些毛病。
- 庆幸自己已有的健康比抱怨哪里不舒服要好得多。
- 如果有一个人根本不考虑才智的问题，而勇于一试，就能够很好地胜任。
- 兴趣和热心是决定成败的重要因素。
- 专注与执着占了一个人百分之九十五的能力。
- 想成大事却不懂得思考的大脑，也就是一桶廉价的糨糊而已。
- 一个不以才智为借口的人，绝不低估自己的才智，也不高估别人的才智。
- 借口把绝大多数的人挡在了成功的大门之外，百分之九十九的失败都是因为人们惯于找寻借口。

April 15，1906

亲爱的约翰：

斯科菲尔德船长又输了，他输得有些气急败坏，一怒之下把他那根漂亮的高尔夫球杆扔上了天，结果他只得再买一个新球杆了。

坦率地说，我比较喜欢船长的性格，人生奋斗的目标就是求胜，打球也是一样。所以，我准备买个新球杆送给他，但愿这不会被他认为是对他发脾气的奖赏，否则他一发不可收拾，我可就惨了。

斯科菲尔德船长还有一个令人称道的优点，尽管输球会令他不高兴，但他认为赢本身并不代表一切，而努力去赢的做法才是最重要的。所以在输球之后，他从不找借口。事实上，他可以以年龄太大、体力欠佳来解释他输球的理由，为自己讨回颜面，但他从来不这样做。

在我看来借口是一种思想病，而染有这种严重病症的人，无一例外的都是失败者，当然一般人也有一些轻微的症状。但是，一个人越是成功，越不会找借口，处处亨通的人，与那些没有什么作为的人之间最大的差异，就在于借口。

只要稍加留意你就会发现，那些没有任何作为，也不曾计划要有番作为的人，经常会有一箩筐的借口来解释：为什么他没有做到，为什么他不做，为什么他不能做，为什么他不是那样的。失败者为自己料理"后事"的第一个举动，就是为自己的失败找出各种理由。

我鄙视那些善找借口的人，因为那是懦弱者的行为，我也同情那些善找借口的人，因为借口是制造失败的病源。

一旦一个失败者找出一种"好"的借口，他就会抓住不放，然后总是拿这个借口对他自己和他人解释：为什么他无法再做下去，为什么他无法成功。起初，他还能自知他的借口多少是在撒谎，但是在不断重复使用后，他就会越来越相信那完全是真的，相信这个借口就是他无法成功的真正原因，结果他的大脑就开始怠惰、僵化，让努力想方设法要赢的动力化为零。但他们从不愿意承认自己是个爱找借口的人。

偶尔，我见过有人站起来说："我是靠自己的努力而成功的。"到目前为止，我还未见过任何男人或女人，敢于站起来说："我是使自己失败的人。"失败者都有一套失败者的借口，他们将失败归咎于家庭、性格、年龄、环境、时间、肤色、宗教信仰、某个人乃至星象，而最坏的借口莫过于健康、才智以及运气。

最常见的借口，就是健康的借口，一句"我的身体不好"或"我有这样那样的病痛"，就成了不去做或失败的理由。事实上，没有一个人是完全健康的，每个人的身体多少都会有些毛病。

很多人会完全或部分屈服于这种借口，但是一心要成功的人则不然。盖茨先生曾为我引荐过一位大学教授，他在一次旅行中不幸失去了一条手臂，但就像我所认识的每一个乐观者一样，他还是经常微笑，经常帮助别人。那天在谈及他的残障问题时，他告诉我："那只是一条手臂而已，当然，两个总比一个好。但是切除的只是我的手臂，我的心灵还是百分之百的完整，也正常。我实在是要为此感谢。"

有一句老话说得好："我一直在为自己的破鞋子懊恼，直到我遇见一位没有脚的人。"庆幸自己已有的健康比抱怨哪里不舒服要好得多。为自己拥有的健康而感恩，这样能有效地预防各种病痛与疾病。我经常提醒自己：累坏自己总比放着朽坏要好。生命是要我们来享受的，如果浪费光阴去担忧自己的健康而真地想出病来，那才是真正的不幸。

"我不够聪明"的借口也很常见，几乎有百分之九十五的人都有这种毛病，只是程度不同而已。这种借口与众不同，它通常默不做声。人们不会公开承认自己缺少足够聪明才智，多半是在自己内心深处这么想。

我发现大多数人对"才智"有两种基本错误态度：太低估自己的脑力，和太高估别人的脑力。因为这些错误，使许多人轻视自己。他们不愿面对挑战，因为那需要相当的才智。认为自己愚蠢的人才是真正愚蠢的人。他们应该知道，如果有一个人根本不考虑才智的问题，而勇于一试，就能够很好地胜任。

我认为真正重要的，不在于你有多少聪明才智，而是如何使用你已经拥有的聪明才智。要成为一个好的商人，不需要有闪电般的灵敏，不需要有惊人的记忆，也不需要在学校名列前茅，唯一的关键，就是对经商要有强烈的兴趣和热心。兴趣和热心是决定成败的重要因素。

事情的结果往往与我们的热心程度成正比。热心能使事情变好一百倍、一千倍。很多人并不知道什么叫热心，所谓热心就是"这是很了不起的"那种热情和干劲。

我相信才智平平的人，如果有乐观、积极与合作的处世态度，将会比一个才智杰出却悲观、消极也不合作的人，赚得更多的金钱，赢得更多的尊敬，并取得更大的成功。一个人不论他面对的是烦琐的小事、艰巨的任务还是重要的计划，只要他怀着热忱去完成，成果会远胜于聪颖但是懒散的人。因为，专注与执着占了一个人百分之九十五的能力。

有些人总在呻吟感叹：为什么很多非常出色的人物会失败呢？我可以永远不再让他们叹息。如果那些绝顶聪明的人总在用他们惊人的脑力，去证明事情为什么无法成功，而不是引导自己的心力去寻找通向成功的各种方法，失败的命运就会找上他们。消极的思想牵制他们的智力，使他们无法施展身手而一事无成。如果他们能改变心态，相信他们会做出许多大事。

想成大事却不懂得思考的大脑，也就是一桶廉价的糨糊而已。

引导我们发挥聪明才智的思考方式，远比我们才智的高低重要。即使是学历再高也不会改变这项基本的成功法则。天生的才智和受教育程度不是业绩好坏的决定因素，思想管理才是。那些最好的商人从不杞人忧天，他们富有热忱。要改善天赋的素质绝非易事，但改善运用天赋的方法却很容易。

很多人都迷信所谓的知识就是力量。在我看来这句话只说对了一半。拿才智不足当借口的人，也是错解了这句话的意义。知识只是一种潜在的力量；只有将知识付诸实践，而且是建设性地实践，才会显出它的威力。

在标准石油公司永远没有活字典式的人物的位置，因为我不需要只会记忆、不会思考的"专家"。我要的人是真正能够解决问题，能想出各种点子的人，是有梦想而且勇于实现梦想的人。有创意的人能为我赚钱，只能记忆资料的人则不能。

一个不以才智为借口的人，绝不低估自己的才智，也不高估别人的才智。他专注运用自己的资产，发掘他拥有的优异才能。他知道真正重要的不在他有多少才智，而在于他如何使用现有的才智，如何善用自己的脑力。他会常常提醒自己：我的心态比我的才智重要。他有要建立"我一定赢"的态度的强烈渴望。他知道要运用自己的才智积极创造，用他的才智寻找成功的方法，而不是用来证明自己会失败。他还知道思考力比记忆力更有价值，他要用自己的头脑来创造、发展新观念，寻找更好的新的做事方法，随时提醒自己：我是正在用我的心智创造历史呢？还是在记录别人创造的历史？

每一件事的发生必有原因，人类的遭遇也不可能碰巧发生。所以，有很多人总会把自己的失败归罪于运气太坏，看到别人成功时，就认为那是因为他们运气太好。我从不相信什么运气好坏，我只承认精心筹备的计划和行动叫"运气"。

如果由运气决定谁该做什么，每一种生意都会瓦解。假设标准石油公司要根据运气来彻底进行改组，就要将公司所有职员的名字放入一个大桶里，第一个被抽出的名字就是总裁，第二个是副总裁，就这样顺序下去。很可笑吧？但这就是运气的功能。

我从不屈从运气，我相信因果定律。看看那些似是好运当头的人，你会发现并不是运气使然，而是准备、计划和积极的思想为他们带来好运。再看看那些"运气不好"的人，你会发现背后都有明确的成因。成功者能面对挫折，从失败中学习，再创契机；平庸者往往就此灰心丧志。

一个人不可能靠运气而成功，而是要付出努力的代价。我不妄想靠运气获得胜利等等生命中的美好事物，所以我集中全力去发展自我，修炼出使自己变成"赢家"的各种特质。

借口把绝大多数的人挡在了成功的大门之外，百分之九十九的失败都是因为人们惯于找寻借口。所以在追求事业成功的过程中，最重要的一个步骤即为：防止自己找借口。

爱你的父亲

22 人人都可以成为大人物

- 你们是世上的盐。
- 我们要做世上的盐,去积极地服务社会,使世人得福。
- 我们现在的责任,就是完全献身于周围世界和众人,专心致志于我们的给予艺术。
- 人没有什么了不起,但没有什么比人更了不起的了,这要看你为你的同胞和国家做了什么。

June 8,1906

亲爱的约翰:

在《马太福音》中记有一句圣言:"你们是世上的盐。"

这个比喻平凡而又发人深省。盐食之有味,又能洁物、防腐。基督想以此教诲他的门徒们应该肩负怎样的使命和发挥怎样的影响,他们到世上来就是要净化、美化他们所在的世界,他们要让这个世界免于腐败,并给予世人更新鲜、更健康的生活气息。

盐的首要责任是有盐味,盐的盐味象征着高尚、有力、真正虔诚的宗教生活。那么,我们应该用我们的财富、原则和信仰做什么呢?无疑,我们要做世上的盐,去积极地服务社会,使世人得福。这是我们第一个也是最后一个社会责任。

我们现在的责任，就是完全献身于周围世界和众人，专心致志于我们的给予艺术。我想没有比这个更伟大的了。

谈到伟大，我想起了一篇伟大的演讲词，那是我一生中不多见的伟大的演讲词。它告诉我，人没有什么了不起，但没有什么比人更了不起的了，这要看你为你的同胞和国家做了什么。

现在，我就把这篇伟大的演讲词抄录给你，希望它能对你大有裨益。

爱你的父亲

女士们，先生们：

今天我很荣幸能在这里会晤一些大人物。尽管你们会说这个城市没有什么大人物，大人物都出身在伦敦、旧金山、罗马或其他大城市，就是不会出自本地，他们都来自这个城市以外的地方。如果是这样，你们就大错特错了。事实是我们这里的大人物和其他城市一样多。在座的听众里面就有许多大人物，有男也有女。

现在，请允许我大胆放言，在判断一个人是不是大人物时，我们常常犯的最大错误就是，我们总是认为大人物都有一间宽敞的办公室。但是，我要告诉你们，这个世界根本不知道什么样的人是世间最伟大的人物。

那么，谁才是世界上的伟大人物呢？青年人或许会急于提出这样的问题。我告诉你们，大人物不一定就是在高楼大厦里设有办公室的人；人之所以伟大是在于他本身的价值，与他获得的职位无关。谁能说一个靠吃粮食才能生存的君王比一个辛勤耕作的农夫更伟大呢？不过，请不要责备那些位居某种公职便以为自己将成为大人物的年轻人。

现在，我想请问在座的各位，你们有谁打算做个伟大的人物？

那个戴西部牛仔帽的小伙子，你说你总有一天要成为这个城市的大人物。真的吗？

你打算在什么时候实现这个心愿呢？

你说在发生另一场战争的时候，你会在枪林弹雨中冲锋陷阵，从旗杆上扯下敌人的旗帜。你将在胸前挂满勋章，凯旋归国，担任政府褒奖给你的公职。你将成为大人物！

不，不会的！不会，年轻人，你这样做并不是真正的伟大，但我们不应该责备你的想法，你在上学时就受到这样的教导，那些担任官职的人都曾经英勇地参战。

我记得，美国的西班牙战争刚结束时，我们这个城市有过一次和平大游行。人们告诉我，游行队伍走上布洛大街时，有辆四轮马车在我家大门口停下来，坐在马车上的是霍普森先生，所有人都把帽子抛向天空，挥舞着手帕，大声地叫："霍普森万岁！"如果我当时在场，也会这样叫喊，因为他应该获得这份伟大的荣誉。

但是，假设明天我到大学讲坛上问大家："小伙子们，是谁击沉了梅里查尔斯号？"如果他们回答："是霍普森。"那么他们的回答是八分之七的谎言，因为击沉梅里查尔斯号的总共有八个人，另外七个人因为职位的关系，一直暴露在西班牙人的炮火攻击之下，而霍普森先生身为指挥官，很可能置身于炮火之外。

我的朋友们，今晚在座的听众都是知识分子，但我敢说，你们当中没有一个人能说得出与霍普森先生在一起战斗的那七个人是谁。

我们为什么要用这种方式来教授历史呢？我们必须教导学生，不管一个人的职位多么低微，只要善尽职责，美国人民颁给他的荣耀，应该和颁给一个国王一样多。

一般人教导孩子的方式都是这样的，她的小儿子问："妈妈，那栋高高的建筑物是什么？"

"那是格兰特将军的坟墓。"

"格兰特将军是什么人？"

"他是平定叛乱的人。"

历史怎么可以这么教授呢？各位想一想，如果我们只有一名格兰特将军，战争打得赢吗？哦，不会的。那么为什么要在哈德逊河上造一座坟墓哪？那不是因为格兰特将军本人是个伟大人物，坟墓之所以建在那里是因为他是代表人物，代表了二十万名为国捐躯的英勇将士，而其中许多人和格兰特将军一样伟大。这就是那座美丽的坟墓耸立在哈德逊河岸边的真正原因。

我记得一件事，可以用来说明这种情况，这也是我今晚所能想到的唯一一个例子。这件事令我很惭愧，无法将其忘掉。我现在把眼睛闭上，回溯到1863年，我可以看到位于伯克郡山的老家，看到牛市上挤满了人，还有当地的教堂和市政厅也都挤满了人。

我听到乐队的演奏声，看到国旗在飞扬，手帕在迎风招展。我对当天的情景记忆犹新。人群是来迎接一连士兵的，而那连士兵也正在列队前来。他们在内战中服完一期兵役，又要再延长一期，现在正受到家乡父老的欢迎。我当时只是个年轻小伙，但我是那个连的连长。在那一天，我扬扬得意，像个吹足了气的气球——只要一根细细的针，就可以将我扎破。我走在队伍前列，我比世上任何一个人都骄傲。

我们列队走入市政厅，他们安排我的士兵坐在大厅中央，我则在前排就坐，接着镇上的官员列队从拥挤的人群中走出来，他们走到台上，围成半圆形坐下，市长随后在那个半圆形的位子中央坐下来。他是个老人，头发灰白，以前从未担任过公职。他认为，既然他担任公职，他就是一个伟大的人物。当他站起来的时候，他首先调整了一下他那副很有分量的眼镜，然后以无比威严的架势环视台下的民众。突然，他的目光落在我的身上，接着这个好心的老人走向我，邀请我上台和那些镇上的官员坐在一起。

邀请我上台！在我从军之前，没有一个市府官员注意到我。我坐在台前，让我的佩剑垂在地板上。我双手抱胸，等待接受欢迎，觉得自己就像是拿破仑五世！骄傲总在毁灭与失败之前出现。

这时市长代表民众发表演说，欢迎我们这批凯旋归来的军人，他从口袋里拿出演讲稿，小心翼翼地在讲桌上摊开，然后又调整了一下眼镜。他先从讲坛后面退了几步，然后再走向前。他一定很用心地研究过演讲稿，因为他采取了演说家的姿态，将身体重心放在左脚，右脚轻轻向前移，两肩往后缩，然后张开嘴，以四十五度的角度伸出手。

"各位亲爱的市民，"他开口说："我们很高兴欢迎这些英勇参战的……

不畏流血的……战士回到他们的故乡。我们尤其高兴,在今天看到跟我们在一起的,还有一位年轻的英雄(指的就是我)……这位年轻的英雄,在想象中,我们曾经看到他率领部队与敌人进行殊死搏击。我们看到他那把闪亮的佩剑……在阳光下发出耀眼的光芒,他对着他的部队大叫,'冲锋'。"

上帝呀!这位好心的老头子对战争一无所知。只要他懂一点战争,就会知道一个事实:步兵军官在危险关头跑到部属前面是极大的错误。我竟然拿着在阳光下闪闪发光的指挥刀,对部下大喊:冲锋!我从来没有这样做过。

你们想一想,我会跑到最前面,被前面的敌人和后面己方部队夹击吗?军官是不应该跑到那地方去的。在实际的战斗中,军官的位置就在士兵身后。因为是参谋,所以当叛军从树林中冲出,从四面八方向我方攻来时,我总是要骑着马对我方军队一路叫喊:"军官退后!军官退后!"然后,每个军官都会退到战斗区后面,而且军阶愈高的人退得愈远。这不是因为他没有勇气,而是因为作战的规则就是这样。如果将军跑到前线,而且被打死了,这仗也就必输无疑,因为整个作战计划都在他的脑子里,他必须处在绝对安全的地方。

我居然会拿着"那把在阳光下闪闪发光的佩剑"。啊!那天坐在市政大厅的士兵当中,有人曾以死来保护我这名半大不小的军官,有人背着我横渡极深的河流。还有些人并不在场,因为他们为国捐躯了。讲演的人也曾提到他们,但他们并未受到注意。是的,真正为国捐躯的人却没有受到注意,我这个小男孩却被说成当时的英雄。

我为什么被当作英雄?很简单,因为那位演讲者也掉进同样愚蠢的陷阱。这个小男孩是军官,其他的人只是士兵。我从这里得到了一个终生难忘的教训。一个人之所以伟大,并不是因为他拥有某种官衔。他之所以伟大,是因为他以些微的工具创下大业,以默默无闻的平民身份完成了人生目标。这才是真正的伟大。

一个人只要能向大众提供宽敞的街道、舒适的住宅、优雅的学校、庄严的教堂、真诚的训诫、真心的幸福,只要他能得到当地居民的感谢,无论他到哪里,都是伟大的。但如果他不被当地居民所感谢,那么不管他到地球的哪个角落,都不会是个伟大的人物。

我希望在座的各位,都知道,我们是在有意义的行动中活着,而不是岁月;我们是在感觉中活着,而不是电话按键上的数字;我们是在思想中活着,而不是空气;我们应该在正确的目标下,以心脏的跳动来计算时间。

如果你忘记我今晚所说的话,请不要忘记我下面的话:思考最多、感觉最高贵、行为也最正当的人,生活也过得最充实!

23
追逐财富，做金钱的主人

- 喜爱金钱只是手段，并不是目的。
- 喜爱金钱是万恶之源。
- 手里每多一分钱，就增加了一分决定未来命运的力量。
- 你虽是尘世间的匆匆过客，却也要留下亮丽的人生轨迹。
- 有常识的人都知道，那些东西没有一样不是能用金钱来大幅提升的。
- 如果某个原本应该很富有的人，却因为贫穷而懦弱无能，那他必然犯下了极端严重的错误。
- 我应该是富翁，我没有义务当穷人。
- 我不能沦为穷人，我要赚钱，我要用财富改变家人的命运！
- 要让金钱当我的奴隶，而不能让我当金钱的奴隶。

July 26，1906

亲爱的约翰：

有很多悲剧都因偏执和骄傲而引发，制造贫穷的人也是一样。

许多年前，我在第五大道浸礼会教堂，曾偶遇一个叫汉森的年轻人，一个在节衣缩食中悲惨度日的小花匠。也许汉森先生自以为坚守贫穷是种美德，他摆出一幅品格高尚的样子对我说："洛克菲勒先生，我觉得我有责任同你讨论一个问题——金钱是万恶之源，这是《圣经》上说的。"

就在那一瞬间，我知道汉森先生为什么与财富无缘了，他是在从对《圣经》的误解中获取人生教诲，而他却浑然不觉。

我不希望让这个可怜的年轻人在他心胸狭窄的沼泽中越陷越深，我告诉他："年轻人，我从小就不断接受各种基督教格言的熏陶，且以此作为自己的行为准则，我想你也是一样。但我的记忆力似乎要比你好一些，你忘了，在那句话的前边还有一个词——喜爱，'喜爱金钱是万恶之源'。"

"你说什么？"汉森的嘴巴大张着，好像要吞下一条鲸鱼。真希望他赚钱的胃口能有那么大。

"是的，年轻人，"我拍拍他的肩头，说，"《圣经》根源于人类的尊严与爱，是对宇宙最高心灵的敬重，你可以毫不畏惧地引用里面的话，并将生命托付给它。所以，当你直接引用《圣经》的智慧时，你所引用的就是真理。'喜爱金钱是万恶之源'。哦，正是如此。喜爱金钱只是手段，并不是目的。如果你没有手段，就无法达成目标，也就是说，如果只知道当个守财奴，那么金钱就是万恶之源。"

"想想看，年轻人，"我提醒汉森，"如果你有了钱，你就可以惠及你的家人、朋友，给他们快乐、幸福的生活，更可惠及社会，拯救那些孤苦无助的穷人，那么金钱就成了幸福之源。"

"年轻人，手里每多一分钱，就增加了一分决定未来命运的力量。去赚钱吧，"我劝导他，"你不该让那些偏执的观念锁住你有力的双手，你应该花时间让自己富裕起来，因为有了钱就有了力量。而纽约充满了致富的机会，你应该致富，而且能够致富。记住，小伙子，你虽是尘世间的匆匆过客，却也要留下亮丽的人生轨迹。"

我不知道汉森能否接受我的规劝，如果不能，我会为他感到遗憾的，他看上去很结实，脑袋也不笨。

我一直以为，每个人都应该花时间让自己富裕起来。当然，有些东西确实比金钱更有价值。当我们看到一座落满秋叶的坟墓时，就不免感受到一种难以言喻的悲伤，因为我知道有些东西的确比金钱崇高。尤其是那些受过苦难的人更能深深地体会到，有些东西比黄金更美好、更珍贵、更神圣。然而，有常识的人都知道，那些东西没有一样不是能用金钱来大幅提升的。金钱不一定万能，但在我们这个世界，很多事情是离不开金钱的！

爱情是上帝给予我们的最伟大之物，但是，拥有很多金钱的情人能使爱情更加幸福，金钱就具有这样的力量！

一个人如果说"我不要金钱"，那就等于是在说："我不想为家人、友人和同胞服务。"这种说法固然荒谬，但要断绝这两者的关系同样荒谬！

我相信金钱的力量，我主张人人都当然应该去赚钱。然而，宗教对这种想法有强烈的偏见，因为有些人认为，作为上帝贫穷的子民是无上的荣耀。我曾听过一个人在祈祷会上祷告说，他十分感谢自己是上帝的贫穷子民，我闻听不禁心里暗想：这个人的太太要是听到她先生这么胡言乱讲，不知会有何感想？她肯定会认为自己嫁错了人。

我不想再见到这种上帝的贫穷子民，我想上帝也不愿意！我可以说，如果某个原本应该很富有的人，却因为贫穷而懦弱无能，那他必然犯下了极端严重的错误：他不仅对自己不忠实、忠诚，也亏待了他的家人！

我不能说，赚钱的多寡可以用来当作人生成功与否的标准，但几乎毫无例外的是，你可以利用金钱的多寡来衡量一个人对社会所做的贡献。你的收入愈多，你的贡献也愈多。一想到我已经使无数国民永远走上了富裕之路，我便自感拥有了伟大人生。

我相信上帝是为他的子民——而不是撒旦之流——才铸出钻石的。上帝所给我们的唯一告诫是：我们不能在有违上帝的情况下赚钱，或赚取别的东西。那样做只会让我们平添罪恶感。要获得金钱，大量的金钱，无可厚非，只要我们以正当的方法得来，而不是让金钱拖着我们的鼻子走。

某些人之所以没有钱，是因为他们不了解钱。他们认为钱既冷又硬，其实钱既不冷又不硬——它柔软而温暖，它会使我们感觉良好，而且在色泽上也能跟我们所穿的衣服相配。

我之所以是我，都是我过去的信念创造出来的。坦率地说，当我感觉到人世间因贫穷而疾苦的时候，我就萌发了一个信念：我应该是富翁，我没有义务当穷人。随着时间的推移，这个信念变得有如钢铁般坚硬。

在我小的时候，正是拜金思想神圣化的时期，当时数以万计的淘金者怀揣着发财梦从各个方向拼命涌进了加利福尼亚（尽管事后发现那场淘金热只是个圈套而已），它大大激起了数百万人的发财欲望，这其中就包括我——一个只有十多岁的孩子。

那时我的家境窘迫，时常要接受好心人伸出的援手。我的母亲是一个自尊心很强的人，她希望我能承担起做长子的责任，照顾好这个家庭。母亲的渴望与教诲，养成了我一种终身不变的责任感，我立下誓言："我不能沦为穷人，我要赚钱，我要用财富改变家人的命运！"

在我少年时代的发财梦中，金钱对我而言，不只是让家人过上富足无忧生活的工具，而是通过"给予"明智地花出去。金钱能换来道德上的尊严的社会地位，这些东西远比豪华、气派的住宅和美丽、漂亮的服饰更令我激动不已！

我对金钱的理解，坚定了我要赚钱、我要成为富人的信念，而这个信念又给予了我无比的斗志去追逐财富。

我的儿子，没有比为了赚钱而赚钱的人更可怜、更可鄙的，我懂得赚钱之道：要让金钱当我的奴隶，而不能让我当金钱的奴隶。我就是这样做的。

爱你的父亲

24
财富是勤奋的副产品

- 财富是意外之物，是勤奋工作的副产品。
- 一切尊贵和荣誉都必须靠自己的创造去获取，这样的尊贵和荣誉才能长久。
- 勤奋能修炼人的品质，更能培养人的能力。
- 结束生命最快捷的方式就是什么也不做。

January 25，1907

亲爱的约翰：

  很高兴收到你的来信，在你的信中有两句话很是让我欣赏，一句是"你要不是赢家你就是在自暴自弃"，一句是"勤奋出贵族"。这两句话是我不折不扣的人生座右铭，如果不自谦的话，我愿意说，它正是我人生的缩影。

  那些不怀好意的报纸，在谈到我创造的巨额财富时，常比喻我是一架很有天赋的赚钱机器，其实他们对我几乎一无所知，更对历史缺乏洞见。

  作为移民，满怀希望和勤奋努力是我们的天性。而我尚在孩童时期，母亲就将节俭、自立、勤奋、守信和不懈的创业精神等美德植入了我的骨髓。我真诚地笃信这些美德，将其视为伟大的成功信条，直到今天，在我的血液中依然流淌着这些伟大的信念。而所有的这一切搭建了我向上攀爬的阶梯，将我送上了财富之山的顶端。

当然，那场改变美国人民命运与生活的战争，让我获益匪浅，真诚地说，是它将我造就成了令商界啧啧称奇而又望而生畏的商业巨人。是的，南北战争给予了民众前所未有的巨大商机，它把我提前变成了富人，为我在战后掀起的抢夺机会的竞技场上获胜，提供了资本支持，才能让我后来财源滚滚。

但是，机会如同时间一样是平等的，为什么我能抓住机会成为巨富，而很多人却与机会擦肩而过，不得不与贫困为伍呢？难道真的像诋毁我的人所说，是因为我贪得无厌吗？

不！是勤奋！机会只留给勤奋的人！自我年少时，我就笃信一条成功法则：财富是意外之物，是勤奋工作的副产品。每个目标的达成都来自于勤奋的思考与勤奋的行动，实现财富梦想也依然如此。

我极为推崇"勤奋出贵族"这句话，它是让我永生敬意的箴言。无论是过去还是现在，无论是在我们立足的北美还是在遥远的东方，那些享有地位、尊严、荣耀和财富的贵族，都有一颗永不停息的心，都有一双坚强有力的臂膀，在他们身上都闪现着毅力与顽强意志的光芒。而正是这样的品德和精神财富，让他们成就了事业，赢得了尊崇，成为了顶天立地的人物。

约翰，在这个无限变幻的世界中，没有永远的贵族，也没有永远的穷人。就像你所知道的那样，在我小的时候，我穿的是破衣烂衫，家境贫寒到要靠好心人来接济。但今天我已拥有一个庞大的财富帝国，并将巨额财富注入到慈善事业之中。万种盛衰起伏变幻，如同沧海桑田变化万千。出身卑贱和家境贫寒的人，通过自己的勤奋工作、执着的追求和智慧，同样能功成名就、出人头地，成为一代新贵族。

一切尊贵和荣誉都必须靠自己的创造去获取，这样的尊贵和荣誉才能长久。但在我们今天这个社会，富家子弟处在一种不思进取的情况之下。不幸的是，他们中的很多都缺乏进取精神，却好逸恶劳、挥霍无度，以致有很多人虽在富裕的环境中长大，却不免要在贫困中死去。

所以，你要教导你的孩子，要想在与人生风浪的搏击中完善自己，成就自己，享受成功的喜悦，赢得社会的尊敬，高歌人生，只能凭自己的双手去创造；要让他们知道，荣誉的桂冠只会戴在那些勇于探索的人头上；告诉他们，勤奋是为了自己，不是为了别人，他们是勤奋的最大受益者。

我自孩提时代就坚信，没有辛勤的耕耘就不会有丰硕的收获，作为贫民之子，除却靠勤奋获得成功、赢得财富与尊严，别无他策。上学时，我不是一个一教就会的学生，但我不甘人后，所以我只能勤恳地准备功课，并能持之以恒。在我十岁时我就知道要尽我所能地多干活，砍柴、挤奶、打水、耕种，我什么都干，而且从不惜力。正是农村艰苦而辛劳的岁月，磨炼了我的意志，使我能够承受日后创业的艰辛，也让我变得更加坚忍不拔，并塑造了我坚强的自信心。

我知道，我之所以在以后身陷逆境时总能泰然处之，包括我的成功，在很大程度上都得益于我自小建立的自信心。

勤奋能修炼人的品质，更能培养人的能力。我受雇于休伊特—塔特尔公司时，我就具备了非同一般的能力，获得了出众的年轻簿记员的名声。在那段日子里，我可谓是终日披星戴月、夜以继日。当时我的雇主就对我说，你一定会成功，以你这非凡的毅力。尽管我不明白将来会是什么样子，但有一点我相信，只要我用心去干一件事，我决不会失败。

今天，我尽管已年近七十，但我依然搏杀于商海之中，因为我知道，结束生命最快捷的方式就是什么也不做。人人都有权利选择把退休当作开始或结束。那种无所事事的生活态度会使人中毒。我始终将退休视为再次出发，我一天也没有停止过奋斗，因为我知道生命的真谛。

约翰，我今天的显赫地位、巨额财富不过是我付出比常人多得多的劳动和创造换来的。我原本是普普通通的人，原本没有头上的桂冠，但我以坚强的毅力、顽强的耕耘，不懈追求，终于功成名就。我的名誉不是虚名，而是血汗浇铸的王冠。那些浅薄的嫉恨和无知的菲薄，都是对我的不公。

我们的财富是对我们勤奋的嘉奖。让我们坚定信念，认定目标，凭着对上帝意志的信心，继续努力吧，我的儿子。

爱你的父亲

25
财富越大责任越大

- 我们不能感情用事,不能用愤怒压制良知。当危机来临时我们永远不能袖手旁观,那会让我们感到羞耻和良心不安;我们应该挺身而出。
- 巨大的财富也是巨大的责任。
- 只有傻瓜才会因为有钱而自命不凡。
- 名誉和美德是心灵的装饰,如果没有这些,即使肉体再美,也不应该认为美。

November 20,1907

亲爱的约翰:

　　非常高兴,一场险些酿成国难的金融危机终于过去了!

　　现在,我想我们那位合众国总统西奥多·罗斯福先生,可以到路易斯安纳继续心安理得地打猎了,尽管他在这场危机中表现得令人吃惊的无能。当然,总统先生并非什么都没有做,他用"担忧"支持了华尔街。上帝呀!我们纳税人真是瞎了眼,竟然把这么一位纽约混混儿送进了白宫。

　　坦率地说,一提到西奥多·罗斯福的名字,和他对标准石油公司所做的一切,就令我愤慨。是的,这个小人得逞了,用他手中的大权,成为了由他自己策动的一场不公平竞赛的胜者,让联邦法院开出了那张美国历史上前所未有的巨额罚单,并下令解散我们的公司。

然而，我相信，他所谓的惩戒终归不会得逞，反倒会使他感到大为懊丧，因为我相信我们所有的公司不是垃圾，我们有杰出的管理队伍、有充足的资金，我们可以抵御任何风险与打击，我们的财富将因它们健康的肌体滚滚而来。等着瞧吧！我们会有暗自窃喜的时候。

但是，我们的确受到了伤害，受到了极不公正的对待。西奥多指责我们是拥有巨富的恶人，那位法官大人侮辱我们是臭名昭著的窃贼，好像我们的财富是密谋掠夺来的。错！我们每一分钱都渗透着我们的智慧，我们每前进一步都付出了沉重的汗水，我们事业大厦的基石由我们的生命奠基。但他们不想听，却要像偏执狂一样，只相信他们自己低能的判断，带有侮辱性地贬低我们的经商才能，更无视我们用最廉价、最优质的煤油照亮了美国的事实。

我知道，西奥多手中的长剑一定将挥舞到大有斩获为止，因为他拒绝了我们和解的建议。但我无所畏惧，因为我问心无愧，而最坏的结果只不过是他用他手中的强权拆散我们辉煌而快乐的大家庭而已，但快乐不会停止，辉煌也不会落地。建立在现实基础上的未来将证明这一切。

毫无疑问，我们正在经受着前所未有的迫害，来自西奥多政府的迫害。但是，我们不能感情用事，不能用愤怒压制良知。当危机来临时我们永远不能袖手旁观，那会让我们感到羞耻和良心不安；我们应该挺身而出。因为我们是合众国的公民，我们有使国家和同胞免于灾难的职责。而作为富人，我知道，巨大的财富也是巨大的责任，我肩负着造福人类的使命。

这次金融危机席卷华尔街，处于恐慌之中的存款人排起长队要从银行取走存款，出现挤兑，一场将导致美国经济再次进入大萧条的危机来临的时候，我预感到国家已陷入双重危机：政府缺乏资金，民众缺乏信心。此时此刻，"钱袋先生"必须要为此做些什么。我打电话给斯通先生，请美联社引用我的话，告诉美国民众：我们的国家从不缺少信用，金融界的有识之士更以信用为生命；如果有必要，我情愿拿出一半的证券来帮助国家维持信用；请相信我，金融地震不会发生。

感谢上帝，危机已经过去，华尔街已经走出困境。而我为这一刻的到来，做了我该做的事情，就像《华尔街日报》评论的那样，"洛克菲勒先生用他的声音和巨额资金帮助了华尔街"。只是，他们永远不会知道，在克服这次恐慌中,我是从自己钱袋里拿钱最多的人,这令我非常自豪。

当然,华尔街能成功渡过此次信用危机,摩根先生可谓功勋卓著,他是这场战争不折不扣的指挥官,他将一群商界名士聚集起来共同应对了危机,用他不可替代的金融才能和果决的个性拯救了华尔街。所以我说,美国人民应该感谢他,华尔街的人应该感谢他,西奥多·罗斯福更应该感谢他,因为摩根替他做了本该他做却因无能而没有做的事。

如今,很多人,当然还有报纸,都对慷慨解囊的人们大加赞誉,但在我这里它一文不值;良心的平静才是唯一可靠的报酬。国难当头,我们本该当仁不让、勇于承担。我想那些真诚伸出援手的人们同我一样,我们只是想用自己的力量、信仰与忠诚照耀我们的祖国。

但我并非没有可耻的记录。在四十六年前,当许许多多的美国青年听从祖国召唤,忠诚奔赴前线,为解放黑奴、维护联邦统一而战的时候,同样作为青年,我却以公司刚刚开业、我的家人要靠它活着为由,未去参战。

这似乎是一个让人心安理得的理由,但那时国家是需要我的,需要我们流血。这件事一直让我的良心不安,直到十几年前那场金融危机到来,我才得有救赎的机会。当时,联邦政府无力保证黄金储备,华盛顿转而向摩根先生求助,但摩根无能为力,是我拿出巨资助政府一臂之力才平息了那场金融恐慌。这让我非常高兴,比赚多少钱都令我高兴。

但我未将自己视为拯救者,更未自命不凡,只有傻瓜才会因为有钱而自命不凡,因为我是公民。我知道,我拥有巨大财富,我也因它而承担着巨大的公共责任。比拥有巨大财富更崇高的是,按照祖国的需要为祖国服务。

约翰,我们是有钱,但在任何时候,我们都不该肆意乱花钱,我们的钱该只用在给人类创造价值的地方。当然,我们也绝不再给共和党人捐款助选。那个西奥多·罗斯福已经把我们害苦了。

名誉和美德是心灵的装饰,如果没有这些,即使肉体再美,也不应该认为美。

爱你的父亲

26 结束只是开始

- 安德鲁·卡内基先生只给出了一个成功者的成功公式,却没有给出其中的演算过程。
- 接近结束是一段路程的最后一站,又是新梦的开始。
- 每一个伟大的成功者,都是用一个个小的成功把自己堆砌上去的,他们用结束欢庆梦想的实现,又用结束欢送新梦上路,这是每一个创造了伟大成就的人的品质。
- 从一开始你就要千方百计地掌握优势。
- 成功的第一步是了解达成目的所需要的资源在哪里,数量有多少。
- "最好"是"好"的敌人。
- 他不知道价格并没有什么神圣的,重要的东西是价值。
- 在别人不把你高看为对手的时候,就是你为未来竞争赚得最大资本的时候。
- 既然决心追求胜利,就必须全力以赴,也只有全力以赴才有辉煌的成就。
- 大多数人会失败,不是因为犯错,而是因为没有全心投入,企业也是一样。

August 31,1908

亲爱的约翰：

安德鲁·卡内基先生又接受了记者的专访，我一直弄不明白，他为什么总喜欢在报纸上抛头露面？我猜想他准是患了遗忘恐惧症，唯恐人们忽视了他的存在。

但我还是比较欣赏这个常与我争风的家伙，因为他勤奋、雄心勃勃，像个不知疲倦的铁汉，总将向前视为他第一、第二、第三重要的事情；也许因此，当被问及他成功的秘诀时，他才会告诉记者说：结束只是开始。

真难以置信，这个铁匠怎么会说出如此精辟的话。我相信这个仅由三个单词组成的短句，很快就会远播出去，或许卡内基先生也会因此得个商界哲学家的头衔。事实上他值得人们这样称道他，难道能将自己成功的一生浓缩成一个短句，不正是表现了这位商业巨人的超常智慧吗？

不过，卡内基先生只给出了一个成功者的成功公式，却没有给出其中的演算过程，看来这个家伙就是不能改变自私的本性，总怕别人窥见他成功的秘密。我倒想试着替铁匠解一解那个公式，但你不要外传；否则，他会因我泄密，在圣诞节时就不光送我威士忌了，他一定还会送来雪茄，他知道我滴酒不沾，更知道我是个禁烟主义者，这个有趣的家伙。

"结束只是开始"，在我看来，铁匠是在试图表明成功是一个不断繁衍的过程，这就像一个多产的母牛，当它生下一个牛崽之后，马上又怀上了另一个牛崽，如此往复，生生不息。接近结束是一段路程的最后一站，又是新梦的开始。每一个伟大的成功者，都是用一个个小的成功把自己堆砌上去的，他们用结束欢庆梦想的实现，又用结束欢送新梦上路，这是每一个创造了伟大成就的人的品质。

但是，如何开始新梦呢？卡内基先生"忘"了没说；而这恰恰是期望能否顺利冲到最后一站的关键，更是开始下一个新梦的关键。其实，答案很简单，那就是从一开始你就要千方百计地掌握优势。我的经验告诉我，有三种策略能让我拥有优势。

洛克菲勒给子女的一生忠告

第一个策略：一开始就要下决心，关注竞争状况和竞争者的资源。这点表示我要注意自己和别人都拥有什么，也表示要了解降低机会的基本面。从事新事业时，在了解整个状况之前，不应该采取初步行动，成功的第一步是了解达成目的所需要的资源在哪里，数量有多少。

从一开始，我就设法预测会出现什么机会，当它出现的时候，我会像狮子一样扑向它。而且我还知道，"最好"是"好"的敌人。很多人总喜欢追求最好的东西，而放弃好的东西。这样做不是聪明的策略，因为好总是胜过不好。而现实是，理想的机会很少送上门，却常常有很多不尽理想，但还算好的机会，虽有不足之处，却绝对远胜过完全没有机会。

第二个策略：研究和检讨对手的情况，然后善用这种知识，来形成自己的优势。了解对手的优点、弱点、做事的风格和性格特点，总能让我在竞争中拥有优势。当然，我也要知道自己是谁。我用这个策略就曾经让那个"结束只是开始"的发明者卡内基先生甘拜下风。

卡内基先生是当之无愧的钢铁巨人，挑战他就如同挑战死亡。但是他的弱点却能帮上对手的大忙：他固执己见，也许他钱包太鼓了，他总喜欢俯视、低估别人。他不把我放在眼里，愚蠢地认为石油行业才是我的舞台，而且他固执地认为只有愚蠢的人才会去干采矿那一行，因为他认为矿石的价格太过低廉，而且矿石取之不尽。

所以，当我投资采矿业时，他几乎逢人就不忘讥讽我，说我对钢铁业一窍不通，是全美最失败的投资者。事实上，卡内基是个只能看到山腰却望不到山顶的人，他不知道价格并没有什么神圣的，重要的东西是价值。如果不能控制采矿业，他那些引以为豪的炼钢厂就只能沦为一堆废铁。

在别人不把你高看为对手的时候，就是你为未来竞争赚得最大资本的时候。所以，从一开始，我便放心大胆地全面投资。冲动胜过慎重，很快这个高傲的铁匠就发现，那个"以最差投资者而闻名于世的人"控制了铁矿业，成为了全美最大的铁矿石生产商，一举取得了支配地位，要与他分庭抗礼，他坐不住了，只能低声下气地向我求和。

在竞争中，首先发现对方弱点并狠命一击的人，常常是胜者。

第三个策略：你必须拥有正确的心态。从一开始，你必须下定决心，追求胜利，这表示你必须在道德的限制下，表现得积极无情，因为这种态度直接来自残忍无情的目标。

既然决心追求胜利，就必须全力以赴，也只有全力以赴才有辉煌的成就。在竞争开始时更应如此。说得好听一点，这是努力取得早期的优势，希望建立独占的地位；说得难听一点，付出努力等于让别人减少一个机会。而与此同时，我们还要积极而勇猛，要有吞下鲸鱼的胆量。我相信，天才的竞争者总是由勇士来承担，这是千古不易的规律。

在《新约》哥林多前书里，使徒保罗说："如今常在的，有信、有望、有爱，这三样其中最大的是爱。"在每一个新梦的初期，最重要的是追求胜利的决心。没有追求胜利的态度，关注竞争状况和了解对手没有什么作用。获得知识、保持控制力、评价竞争状况，正是让你建立信心，协助你达成追求胜利最高目标的东西。

看看那些失败的人，你就会发现，大多数人会失败，不是因为犯错，而是因为没有全心投入，企业也是一样。

约翰，别忘了卡内基先生那句即将广为传诵的名言，"结束只是开始"，当然，还有我那三个策略。

哦，我不是在营救一个不需要营救的谋略家吧？

爱你的父亲

27
只有放弃才是真的失败

- 每个人都有历尽沧桑和饱受无情打击的时候,却很少有人能像林肯那样百折不回。
- 除非你放弃,否则你就不会被打垮。
- 有太多人高估他们所欠缺的,却又低估他们所拥有的,以至丧失了成为胜利者的机会。
- 如果我们尽了最大努力仍然不达目的,我们所应做的就是吸取教训,力求在接下来的努力中表现得更好就行了。
- 每一个"不"的回答都使我们愈来愈接近"是"的回答。

February 12,1909

亲爱的约翰:

今天是伟大的一日!

今天,合众国上下怀着一种特有的思念之情,纪念那个伟大而又罕有的灵魂——无愧于上帝与人类的亚伯拉罕·林肯总统。我相信他受之无愧。

在我记忆中,没有谁能比林肯更伟大。他创造了一段合众国成功而又令人动容的历史,他用不屈不挠的精神与勇气以及宽厚仁爱之心,使四百万最卑下的黑奴获得解放,同时斩断了二千七百万另一肤色的合众国公民灵魂上的枷锁,结束了因种族仇恨而导致的灵魂堕落、扭曲和心胸狭隘的罪恶历史。他使国家免于毁灭,将一切不同语言、宗教、肤色和种族组合成为一个崭新的国家。合众国因他获得了自由,因他而幸运地踏上了正直公平的康庄大道。

林肯是上世纪最伟大的英雄,今天,在他百年诞辰之际,举国上下追思他为合众国所做的一切,就是一个最好的证明。

然而,当我们重温并感激他的光辉伟业之时,我们更应汲取并发扬他的人生带给我们的特殊教益——执着的决心与勇气。我想我们纪念他的最好方式就是效法他,让他不言放弃的精神光照美国。

在我心中,林肯是永远不被困难吓倒、不屈不挠的化身。他生来一贫如洗,曾被赶出家园。他第一次经商就失败了,第二次经商败得更惨,以致用了十几年的时间才还清了债务。他的从政之路同样坎坷,他第一次竞选州议员就遭失败,并丢掉了工作。幸运的是,他第二次竞选成功了。但接下来是丧失亲人的痛苦和竞选州参议员发言人的失败在等待着他。然而他依然没有灰心,在以后竞选中他曾六度失败,但每次失败过后他仍是力争上游,直至当选美国总统。

每个人都有历尽沧桑和饱受无情打击的时候,却很少有人能像林肯那样百折不回。每次竞选失败过后,林肯都会激励自己:"这不过是滑了一跤而已,并不是死了爬不起来了。"这些词汇是克服困难的力量,更是林肯终于享有盛名的利器。

林肯的一生书写了一个伟大的真理:除非你放弃,否则你就不会被打垮。

功成名就是一连串的奋斗。那些伟大的人物,几乎都受过一连串的无情打击,他们每个人都险些宣布投降,但是他们因为坚持到底,终于获得了辉煌的成果。例如伟大的希腊演说家德莫森。

他因为口吃,而生性害臊羞怯。他父亲死后给他留下一块土地,希望他能过上富裕的生活,但当时希腊的法律规定,他必须在声明拥有土地权之前,先在公开的辩论中赢得所有权。很不幸,因为口吃加上害羞使他惨败,结果丧失了那块土地。但他没有被击倒,而是发愤努力战胜自己,结果他创造了人类史上空前未有的演讲高潮。历史忽略了那位取得他财产的人,但几个世纪以来,整个欧洲都记得一个伟大的名字——德莫森。

有太多人高估他们所欠缺的,却又低估他们所拥有的,以至丧失了成为胜利者的机会。这是个悲剧。

林肯的一生就是化挫折为胜利的伟大见证。没有不经失败的幸运儿，重要的是不要因失败而变成一位懦夫。如果我们尽了最大努力仍然不达目的，我们所应做的就是吸取教训，力求在接下来的努力中表现得更好。

坦率地说，我无心与林肯总统比较，虽然我有他些许的精神，我痛恨生意失败、失去金钱，但是真正使我关心的是，我害怕在以后的生意中，会太谨慎而变成懦夫。如果真是那样，那我的损失就更大了。

对一般人而言，失败很难使他们坚持下去，而成功则容易继续下去。但在林肯那里这是个例外，他会利用种种挫折与失败，来驱使他更上一层楼，因为他有钢铁般的毅力。他有一句话说得好："你无法在天鹅绒上磨利剃刀。"

世界上没有一样东西可取代毅力。才干不可以，怀才不遇者比比皆是，一事无成的天才很普遍；教育也不可以，世上充满了学无所用的人。只有毅力和决心无往不利。

当我们继续迈向高峰时，我们必须记住：每一级阶梯都供我们踩足够的时间，然后再踏上更高一层，它不是供我们休息的地方。我们在途中不免疲倦与灰心，但就像一个拳击手所说的，你要再战一回合才能得胜。碰到困难时，我们要再战一回合。每一个人都有无限的潜能，除非我们知道它在哪里，并坚持用它，否则毫无价值。

伟大的机会不假外求，然而，我们得努力工作才能把握它。俗语说："打铁趁热。"的确不错。毅力与努力都重要。每一个"不"的回答都使我们愈来愈接近"是"的回答。"黎明之前总是最黑暗"，这句话并非口头禅，假如我们努力工作发挥技巧与才能，成功的一天终会到来。

今天，我们在感激、赞美林肯总统的时候我们不能忘记的是要用他一生的事迹来激励自己。即使在这样做了之后，我们成就伟业的一天仍未到来，我们依然是个大赢家，因为我们已经有了知识，也懂得面对人生，那是更大的成功。

爱你的父亲

28
认清职责，拒绝责难

- 金钱的力量当然不可低估，但责任的力量更是巨大。
- 行动并非源于想法，而是源自揽起责任。
- 责难就如同一片沼泽，一旦失足跌落进去，你便失去了立足点和前进的方向，你会变得动弹不得，陷入憎恨和挫折的困境之中。
- 真正的问题不是他们应该要做什么，而是我应该要做什么。
- 领导者的工作不是全知全能、全权负责。
- 没有一件事像个人的责任感一样，可以激发并强化做事的能力。
- 在抱怨声中，优秀的雇员也会变成乌合之众。
- 在对话中，聆听者才是拥有权力的人，而非陈述者。

July 24, 1910

亲爱的约翰：

如果我说一直不甘示弱、总以为自己是世界第一富豪的安德鲁·卡内基先生来拜访我，并向我讨教了一个非常严肃的问题，你会不会感到惊讶？事实上，那位伟大的铁匠就是这么做的。

两天前，卡内基先生来到我们的基奎特。或许是我笑容可掬的态度，和我们轻松的谈话气氛，融化了卡内基先生钢铁般的自尊，让他放下架子问我：

"约翰,我知道,你领导着一群很能干的人。不过,我不认为他们的才干不可匹敌,但令我疑惑的是,他们似乎无坚不摧,总能轻松击败你们的竞争对手。我想知道,你施了什么魔法让他们有那种精神的,难道是金钱的力量?"

我告诉他,金钱的力量当然不可低估,但责任的力量更是巨大。有时,行动并非源于想法,而是源自揽起责任。标准石油公司的人都有负责精神,都知道"我的责任是什么","我做什么可以把事情做得更好"。但我从不高谈阔论责任或义务,我只是通过我的领导方式来创造具有责任感的企业。

我以为这个话题到此就应该结束了,但我的回答显然挑动了卡内基先生的好奇心,他很认真地追问我:"约翰,那你能告诉我你是怎么干的吗?"

看着卡内基先生谦逊的神态,我无法拒绝,我必须如实相告。我告诉他,如果我们想要永续生存,那么我们的领导方式就意味着,断然拒绝为了任何理由去责难任何一个人或任何一件事。责难就如同一片沼泽,一旦失足跌落进去,你便失去了立足点和前进的方向,你会变得动弹不得,陷入憎恨和挫折的困境之中。结果只有一个:失去手下的尊重与支持。一旦落到这步田地,那你就好比是一个将王冠拱手让给他人的国王,无法再主宰一切。

我知道责难是摧毁领导力的头号敌人,我还知道在这个世界上没有常胜将军,不管是谁都将遭遇挫折和失败。所以,当问题出现时,我不会感到愤恨不满,我只是在想:怎么能让情势好转起来?采取什么行动可以补救或是修复我们的失误?积极地选择朝向更高的生产力和满意度前进。

当然,我不会放过我自己。当坏事降临在我们身上时,我会先停下来问自己一个问题:"我的职责是什么?"回归原点,借着对自身角色进行完全坦诚的评估,可以避免空虚地窥探他人做了什么,或是要求其他人改变什么这类无意义的行为。事实上,只有将焦点专注在自己身上,我才能将无意中拱手让出的王冠重新收回。

但是,分析"我的职责是什么"并不意味着自责。自责是一种最阴险狡猾的责难陷阱,诸如"那真是一个愚蠢的错误!"等自我责难,只会使我陷入与其他任何责难相同的怨恨与不满的圈套之中。事实上,"我的职责是什么"是一种具有强大分析力和自我肯定的步骤:当我知道,真正的问题不是他们应该要做什么,而是我应该要做什么时,我不会自怨自艾,而只会让自己更强大。自己越强大,别人的影响力就会越小,看来这不是件坏事。

如果我能将每一个阻碍视为了解自己的一个机会,而非斤斤计较他人对我做了什么,那么我就能在领导危机的高墙外找到出路。

当然,我从不把自己视为救世主,也没有救世主的心态。我自问:我在哪些方面应为自己负责?也自问:在哪些方面,部属们要为我负责?领导者的工作不是全知全能、全权负责。如果我视自己为英勇的正义使者,准备去拯救这个世界,那就只会让自己陷入领导危机之中。我的责任中,很大一部分是让其他人也为自己该负的责任负责。如果一个雇员对于事关自己切身利益的事情都不在乎的话,我不相信这样的雇员能对出色完成工作有强烈的渴望,那他就应该离开,为别人去服务了。

感觉责任在肩的那种压力能让人不自觉的地兴奋起来。没有一件事像个人的责任感一样,可以激发并强化做事的能力,而将重大责任托付给部属,并让他了解我对他充分信任,无疑是对他最大的帮助。所以,我不会将部属必须并且能够负担的责任揽在自己身上。

我不只光靠示范作用来营造公司负责的氛围与风气,我的部属都知道我的基本原则:在标准石油公司没有责难,更没有借口!这是我坚持的理念,每一个人都知道。我不会因为他们犯错而惩罚他们,但是我决不能容忍不负责任的行为存在。我们的信念就是要彻底奉行。我们的箴言是支持、鼓励和尊重将被全心接受与加倍颂扬。只会找借口而不提供解决方式,在标准石油公司是无法容忍的。

我们很少犯任何错误,因为我的大门随时为部属敞开着,他们可以提出高见,或是纯粹的发牢骚,但是要用一个负责任的方式。这样的结果会让我们彼此信任,因为我们了解所有的事都需要摊在阳光下来讨论。

卡内基先生是位优秀的老学生,他没有让我浪费时间,他在我结束这个话题时说:"在抱怨声中,优秀的雇员也会变成乌合之众!"他真聪明。

约翰,几乎所有的人都有推诿真正责任的防御心理,以致推诿责任的现象处处可见。但它贻害无穷。避免防御的方法就是开始倾听。

领导者最大的挑战在于，要如何创造出一个能让人们觉得开诚布公会比隐藏实情来得舒适的环境。主动邀请其他人陈述他们的想法，用一些诸如"再多说一点"，或是"我真的想听听你的意见"的话语来鼓励他们说出自己的想法。和一般人所相信的刚好相反，在对话中，聆听者才是拥有权力的人，而非陈述者。

难以置信吧？想想看，陈述者的语调、焦点还有内容，事实上都取决于你倾听的方式。试想，和一个面露敌意且肢体呈现侵略性姿态的人，以及一个对你表示全神贯注的人说话时，这两者之间的差异。当你单纯地聆听其他人说话时，你卸下了你的防卫。你会得到这些好处：你对有攻击性或愤怒的语言的背后隐含的议题，会有着更透彻的了解。你可以得到更多的信息，而这些资讯可以改变你对整个事件来龙去脉的假设。你会有更多的时间来整理思绪，陈述者会感觉到你重视他们的观点。最令人兴奋的是，当你专注地倾听之后，原来的陈述者也会更愿意聆听你的意见。

真实的倾听是不具任何防御性的。即使你不喜欢这个信息，你也应该倾听了解，而非立即做出回应。专注地倾听不太像是一种技巧，它比较像是一种态度。滑雪的人在遭遇障碍时的每一秒钟，都投注百分之百的注意力，绝对不会分神去思考过一会儿他要对伙伴说什么。同样地，作为一名积极的倾听者，你贡献百分之百的注意力给另外一个人，绝不会出现想到什么就脱口而出的情况。如此一来，你去除了先入为主的观念，并敞开胸襟开创一段更有意义和更有效果的对话。

长久以来，是我们塑造了生活也塑造了自己。这个过程将会持续下去，我们最终都将为自己的选择负责。就如"目的"决定你的方向，拒绝责难将筑出一条实现目标的大道。

爱你的父亲

29
天下没有免费的午餐

- 当猪开始独立的时候,都会变得强悍和聪明了。
- 一只动物要靠人类供给食物时,它的机智就会被取走,接着它就麻烦了。
- 如果在一定时间内你给一个人免费的午餐,他就会养成不劳而获的习惯。
- 如果你给一个人一条鱼,你只能供养他一天,但是你教他捕鱼的本领,就等于供养他一生。
- 当你施舍与一个人时,你就否定了他的尊严;你否定了他的尊严,你就抢走了他的命运。
- 任何一个人一旦养成习惯,不管是好或坏,习惯就一直占有了他。
- 如果人们知道出人头地要以努力工作为代价,大部分人就会有所成就,同时也将使这个世界变得更美好;而吃免费午餐的人,迟早会连本带利付出代价。
- 一个人活着,必须在自身与外界创造足以使生命和死亡有点尊严的东西。

March 17,1911

亲爱的约翰:

我已经注意到那条指责我吝啬、说我捐款不够多的新闻了,这没什么。我被那些不明就里的记者骂得够多了,我已经习惯了他们的无知与苛刻。我回应他们的方式只有一个:保持沉默、不加辩解,而不管他们如何口诛笔伐，因为我清楚自己的想法，我坚信自己站在正确的一方。

每个人都需要走自己的路，重要的是要问心无愧。有一个故事或许能够解释，为什么我很少理会那些乞求我出钱来解决他们个人问题的人，更能解释让我出钱比让我赚钱更令我紧张的原因。这个故事是这样说的：

有一家农户，圈养了几头猪。一天，主人忘记关圈门，便给了那几头猪逃跑的机会。经过几代以后，这些猪变得越来越凶悍以致开始威胁经过那里的行人。几位经验丰富的猎人闻听此事，很想为民除害捕获它们。但是，这些猪却很狡猾，从不上当。

约翰，当猪开始独立的时候，都会变得强悍和聪明了。

有一天，一个老人赶着一头拖着两轮车的驴子，车上拉着许多木材和粮食，走进了"野猪"出没的村庄。当地居民很好奇，就走向前问那个老人："你从那里来，要干什么去呀？"老人告诉他们："我来帮助你们抓野猪啊！"众乡民一听就嘲笑他："别逗了，连好猎人都做不到的事你怎么可能做到？"但是，两个月以后，老人回来告诉那个村子的村民，野猪已被他关在山顶上的围栏里了。

村民们再次惊讶，追问那个老人："是吗？真不可思议，你是怎么抓住它们的？"

老人解释说："首先，就是去找野猪经常出来吃东西的地方。然后我就在空地中间放一些粮食作陷阱的诱饵。那些猪起初吓了一跳，最后还是好奇地跑过来，闻粮食的味道。很快一头老野猪吃下了第一口，其他野猪也跟着吃起来。这时我知道，我肯定能抓到它们了。

"第二天，我又多加了一点粮食，并在几尺远的地方树起一块木板。那块木板像幽灵般暂时吓退了它们，但是那免费的午餐很有诱惑力，所以不久他们又跑回来继续大吃起来。当时野猪并不知道它们已经是我的了。此后我要做的只是每天在粮食周围多树起几块木板，直到我的陷阱完成为止。

"然后，我挖了一个坑立起了第一根角桩。每次我加进一些东西，它们就会远离一些时间，但最后都会再来吃免费的午餐。围栏造好了，陷阱的门也准备好了，而不劳而获的习惯使它们毫无顾虑的走进围栏。这时我就出其不意地收起陷阱，那些白吃午餐的猪就被我轻而易举地抓到了。"

这个故事的寓意很简单，一只动物要靠人类供给食物时，它的机智就会被取走，接着它就麻烦了。同样的情形也适用于人类。如果你想使一个人残废，只要给他一对拐杖再等上几个月就能达到目的；换句话说，如果在一定时间内你给一个人免费的午餐，他就会养成不劳而获的习惯。别忘了，每个人在娘胎里就开始有被"照顾"的需求了。

是的，我一直鼓励你要帮助别人，但是就像我经常告诉你的那样，如果你给一个人一条鱼，你只能供养他一天，但是你教他捕鱼的本领，就等于供养他一生。这个关于捕鱼的老话很有意义。

在我看来，资助金钱是一种错误的帮助，它会使一个人失去节俭、勤奋的动力，而变得懒惰、不思进取、没有责任感。更为重要的是，当你施舍与一个人时，你就否定了他的尊严；你否定了他的尊严，你就抢走了他的命运。这在我看来是极不道德的。作为富人，我有责任成为造福于人类的使者，却不能成为制造懒汉的始作俑者。

任何一个人一旦养成习惯，不管是好或坏，习惯就一直占有了他。白吃午餐的习惯不会使一个人步向坦途，只能使他失去赢的机会。而勤奋工作却是唯一可靠的出路，工作是我们享受成功所付的代价，财富与幸福要靠努力工作才能得到。

在很久很久以前，一位聪明的老国王，想编写一本智慧录，以飨后世子孙。一天，老国王将他聪明的臣子召集来，说："没有智慧的头脑，就像没有蜡烛的灯笼。我要你们编写一本各个时代的智慧录，去照亮子孙的前程。"

这些聪明人领命离去后，工作很长一段时间，最后完成了一本洋洋十二卷的巨作，并骄傲的宣称："陛下，这是各个时代的智慧录。"

老国王看了看，说："各位先生，我确信这是各个时代的智慧结晶。但是，它太厚了，我担心人们读它会不得要领。把它浓缩一下吧！"这些聪明人费去很多时间，几经删减，完成了一卷书。但是，老国王还是认为太长了，又命令他们再次浓缩。

这些聪明人把一本书浓缩为一章，然后减为一页，再变为一段，最后则变成一句话。聪明的老国王看到这句话时，显得很得意。"各位先生，"他说,"这真是各个时代的智慧结晶,而且各地的人一旦知道这个真理,我们大部分的问题就可以解决了。"这句话就是:"天下没有免费的午餐。"

智慧之书的第一章,也是最后一章,是天下没有免费的午餐。如果人们知道出人头地要以努力工作为代价,大部分人就会有所成就,同时也将使这个世界变得更美好;而吃免费午餐的人,迟早会连本带利付出代价。

一个人活着,必须在自身与外界创造足以使生命和死亡有点尊严的东西。

爱你的父亲

30
善于发现并利用部属的优点

- 做你喜欢做的事,而其他的事,就交由喜欢做这件事的人去做。
- 最能创造价值的人就是那彻底投身于自己最喜欢的活动的人。
- 我不否认领导者的巨大作用,但就整体而言取胜靠的是集体。

November 17, 1912

亲爱的约翰:

你的来信非常令我兴奋,因为你读懂了我那些总能助我成就事业的做事哲学:做你喜欢做的事,而其他的事,就交由喜欢做这件事的人去做。

对我来说,做喜爱的事是一项不容质疑的定论。它时刻都会提醒我,要领导手下出色完成任务,决不可依赖某些管理技巧,而是要采用一种更为宏观、更有效能的领导方式。

具体而言,就是不让手下拘泥在刻板、制式的工作职务上,而是想办法利用每个人的长处并诱发他们将热情倾注在工作之中,来成就出绝佳的生产力。这就是我的致胜之道。

我在读书时就记得这样一句话:"最完美的人就是那彻底投身于自己最擅长的活动的人。"后来,经我改造,将其变为我管理上的一个理念:最能创造价值的人就是那彻底投身于自己最喜欢的活动的人。

我说过,每个人都有忠于自己的天性,都渴望成为自己想要成为的人,而他们实现忠诚于自己的方式就是做自己喜欢做的事，遗憾的是，很多管理者并不善待雇员忠于自己的诉求，结果事倍功半。

其实这很好理解：如果你不将时间投入到你喜爱的事情上，你就绝不可能感到自我满足；如果你得不到自我满足，你就将失去生活的热情；如果你失去生活的热情，你就将失去生活的动力。指望一个失去工作动力的人去出色完成工作任务，就像指望一个停摆的闹钟去准确报时一样，可笑之极。

所以，我时刻不忘给予手下忠于自己的机会——燃烧他们的热情，让他们的特别才干发挥到极致，而我自己从中收获的恰恰是财富与成就。忠于自己就将使自己赢得人生中最伟大的一场战役，谁会放过这样的机会呢？

你要想成功利用手下的热情，你必须知道领导者的职责：不是要挖掘手下的弱点，而是要关注手下的优点与才干，并让这些优势充分发挥出来。我没有挑部属最脆弱的特质的习惯，却总要找寻他们最坚强的部分，让他们的才干充分展现在工作的挑战与需求上。例如，我重用阿奇博尔德先生。

与有些人不同，我不以自己的好恶为选拔人才的标准。我用人并不会看他身上贴着什么标牌；我看中的是他在工作中展示出来的能力。我喜欢自己的喜好，但更喜欢效率。

阿奇博尔德绝非完美的人，他嗜酒如命，而我却是个禁酒主义者。但是，阿奇博尔德却有着非凡的领导才华和天赋，他头脑机敏、乐观幽默，而他出众的口才和大胆好斗的性格无疑更是在激烈竞争中获胜的保证。所以在由对手变为合伙人之后，我一直对他兴趣浓厚，我不断委他以重任，直至提拔他接替我的职务。

他已经证明了自己是一名天才的领导者，他的职业生涯是那样特殊。如果他没有不好习惯的影响，他的成绩将更加耀人。

我的目的是要在每位手下身上找出我所重视的价值，而不是那些我所不乐见的缺点。我找出每个员工值得重视的部分，并致力于将员工的优点转化成出色的才能，而不会试图修正他们的缺点。所以，我总是拥有健全能干、乐意奉献的部属。

约翰，没有人是无所不能的。现在你是一位管理者，你的成就依赖于你领导能力的发挥，依赖于你手下做事才能的发挥。你需要知道，你的手下可挑剔的地方不胜枚举，但是你要专注于发掘每个人潜在的优点，注意他们在每个细节上的杰出表现，以及他们为了将事情做得出色，而对完美主义近乎苛求的坚持。这是你领导力的优势所在。

一个人不能主宰一个集体。我不否认领导者的巨大作用，但就整体而言取胜靠的是集体。我所取得的任何荣誉所依靠的都是集体的力量，而绝非我个人。也只有众人都付出努力，才能相信并期待奇迹的出现。

祝你好运！我的儿子。

爱你的父亲

31
珍惜时间和金钱

- 失去对高尚人的尊重，就是在剥夺自己做人的尊严。
- 请不要说我应该做什么，要说我们应该做什么。
- 我所以能取得巨大成就，就在于我首先经营人了，所有的人。
- 无论一个人积储了多么丰富的妙语箴言，也无论他的见解有多高，假使不能利用每一个确实的机会去行动，其性格终不能受到良好的影响。
- 计划是我们顺应每天情况而生活的依据，它能显示什么是可行的。
- 创造力、自发精神和信念可以化不可能为可能，并突破计划的限制。
- 财富是可以拿来孳生更多的钱财，我们会把钱拿来投资，创造更多的财富。
- 我没有理由浪费生命，浪费生命就等于糟蹋自己，世界上没有比糟蹋自己更大的悲剧了。

June 21，1914

亲爱的约翰：

　　查尔斯先生永远地离开了我们，这让我很难过。作为上帝忠实的子民，查尔斯先生一直是位非常善良的富人，他乐善好施，不断用自己辛勤赚到的钱去救助那些处于贫困噩梦中的同胞。我相信上帝会在天堂笑迎他，因为他的仁爱和无私。

与真挚的灵魂相伴，是天赐的福气。我能有像查尔斯先生这样的合伙人，是我一生的荣幸。当然，查尔斯先生谨小慎微的性格常常导致他与我龃龉不断，但这丝毫不会夺走我对他的尊重。失去对高尚人的尊重，就是在剥夺自己做人的尊严。

当年，公司最高管理层有共进午餐的习惯，每到吃饭的时候，尽管我是公司第一人，我都会把象征公司核心的座位留给他，以示我对他正直人品的敬意。是的，这不足为道，高尚的道德本该受到褒奖。而就一个整体而言，虽然这只是很小很小的细节，但这样一个细节可能影响到整个公司，影响到公司的成绩。

事实上，标准石油公司的合伙人都是正直的人，我们个个知晓彼此尊重、信任、团结一心对合作有多么可贵和重要，我们努力使之变成现实。所以，即使出现分歧，我们只会直言不讳、就事论事，从不钩心斗角、搬弄是非。我相信，在这种纯洁的氛围中，即使有人心术不正，他也会把心术不正的恶习留在家里。

但这只是标准石油公司强大到令对手敬畏的原因之一，而视精诚协作为我们的生命才是最重要的因素。在这方面，查尔斯先生身体力行，堪为表率。

作为公司的引领者，我在一次董事会上曾真诚倡议："我们是一家人，我们共享荣辱，我们坚强的手掌托起的是我们共同的事业。所以，我建议大家，请不要说'我'应该做什么，要说'我们'应该做什么。千万别忘了，我们是合作伙伴，无论做什么事都是为了我们大家的利益。"

我的发言感染了查尔斯先生，他第一个回应我："先生们，我听懂了，约翰的意思是说，比起'我'来说，'我们'更重要，我们是一家人！没错！是应该说我们！"

在那一刻，我看到了我们伟大的未来，因为我们已经开始忠于"我们"。别忘了，人人自私，每个人的天性都是忠于自己，"我"是每个人心中的宗教。当"我们"取代"我"的时候，它所焕发出的力量将难以估量。我所以能取得巨大成就，就在于我首先经营人了，所有的人。

我与查尔斯先生有着共同的信仰，我们都是虔诚的基督徒。我喜欢查尔斯先生最喜欢的一句格言："珍惜时间和金钱。"我一直以为这是一则凝聚着伟大智慧的箴言。我相信绝大多数的人都会喜欢它，却难以将其变成自己思想信念和价值信条，并永远溶入自己的血液中。

是的，无论一个人积储了多么丰富的妙语箴言，也无论他的见解有多高，假使不能利用每一个确实的机会去行动，其性格终不能受到良好的影响，失去美好的意图，终是一无所获。

几乎人人都知道，能否构筑幸福生活，能否实现成功，都与如何利用时间有关。然而，在很多人那里，时间是他们的敌人，他们消磨它，抹煞它；但如果谁偷走他们的时间，他们又会大发雷霆，因为时间毕竟是金钱，重要的时间还是生命。遗憾的是，他们就是不知道如何利用时间。

事实上，这没有哥伦布先生发现美洲那么难，重要的是我们要计划每一天，乃至每一刻，并知道该思考什么，该如何采取行动。计划是我们顺应每天情况而生活的依据，它能显示什么是可行的。而要制订完美的计划，首先要确认自己想要什么；还有，每项计划都要有措施，并要监督成果。能讨诸行动、有成果的计划才是有价值的计划。当然，创造力、自发精神和信念可以化不可能为可能，并突破计划的限制，所以，不要自囿于计划之中。

每一刻都是关键，每一个决定都影响生命的过程，所以，我们要有下决心的策略。决心不易下得太快，遇到重要问题时，如果没有想好最后一步，就永远不要迈出第一步，要相信总有时间思考问题，也总有时间付诸行动，要有促进计划成熟的耐心。但一旦做出决定，就要像斗士那样，忠实地去执行。

赚钱不会让你破产，是查尔斯先生的致富圣经。在一次午餐会上，查尔斯先生公开了他的赚钱哲学，那天他用一种演讲家般的激情，激励了我们每个人，他告诉我们大家：世界上有两种人永远不会富有：

第一种是及时行乐者。他们喜欢过光鲜亮丽的日子，像苍蝇盯臭肉那样，对奢侈品兴趣昂然；他们挥霍无度，竭尽所能要拥有精美的华服、昂贵的汽车、豪华的住宅，以及价格不菲的艺术品。这种生活的确迷人，但它缺乏理性。及时行乐者缺乏这样的警惕：他们是在寻找增加负债的方法，他们会成为可怜的车奴、房奴，而一旦破产，他们就完了！

第二种人是喜欢存钱的人。把钱存在银行里当然保险，但它跟把钱冷冻起来没什么两样，要知道靠利息不能发财。

但是，有一种人会成为富人，比如在座的诸位，我们不寻找花钱的方法，我们寻找、培养和管理各种投资的方法，因为我们知道财富是可以拿来孳生更多的钱财，我们会把钱拿来投资，创造更多的财富。但我们还要知道，让每一分钱都能带来效益！这正如约翰一贯的经商原则——每一分钱都要让它物有所值！

查尔斯先生的演讲博得了热烈掌声，我被他燃烧起来，鼓掌时太过用力，以致饭后还觉得两个手掌在隐隐作痛。

如今，再也听不到那种掌声了，也没有鼓那种掌的机会了。但"珍惜时间和金钱"一直与我相伴。我没有理由浪费生命，浪费生命就等于糟蹋自己，世界上没有比糟蹋自己更大的悲剧了。我也不把安逸和享乐看作是生活的目的本身，因为我称其为猪的理想。

爱你的父亲

32
充实自己的心灵

- 在我们这个世界上，精神饥渴的人随处可见。
- 心灵是我们每个人真正的家园，我们是好是坏都取决于它的抚育。
- 只要改变一个人的词汇，就能建立他的收入、他的享受，并改善他的生活，乃至改变他的人生。
- 经由伟大的心灵撞击而写成的书籍，没有一本不是洗涤并充实我们心灵的食粮，它们早已一劳永逸地为后人指明了方向，而我们可以从中任意挑选我们想要的。
- 伟大的书籍就是伟大的智慧树，伟大的心灵之树，我们将在其中得以重塑。
- 引领人们爬向高峰的动力，是一种定期滋润与强调而日趋旺盛的驱动力。

August 1，1914

亲爱的约翰：

　　就像我们身体上的食欲一样，我们也有精神上的食欲。但许多人却常以没有时间为借口，总在使他们的心灵忍饥挨饿，也只在意外或偶然的情况下才充实它一下，却总忘不了满足他们脖颈以下的消费。

　　也许我的看法有些悲观，我们正处于无限制满足脖颈以下却在忽视脖颈以上需求的时代。事实上，你经常听到有人说：漏吃一顿午餐是件大事，却听不到：你最后一次满足心灵饥渴是在什么时候的声音。难道我们每个人都是精神富足者吗？显然不是。

在我们这个世界上，精神饥渴的人随处可见；那些生活在沮丧、消极、失败、忧郁中的人，他们都迫切需要精神的滋养和灵感的召唤，但他们几乎全都排斥再充实他们的心灵，任由心灵黯淡无光。

如果空虚的头脑能像空虚的肚子一样，只要填满一些东西就能让主人满足的话，那该有多好。可惜，没有这么便宜的事情，反而要接受心灵空虚的惩罚。

心灵是我们每个人真正的家园，我们是好是坏都取决于它的抚育：因为进入这个家园的每一件东西都有一种效用，都会有所创造，为你的未来做准备，或者会有所毁灭，降低你未来可能的生命成就。例如积极。

每一个达到高峰或快达到高峰的一流人物都是积极的，他们所以积极，是因为他们定期地以良好、清洁、有力、积极的精神思想充实心灵。就像食物成为身体的营养一般，他们不忘每天的精神粮食。他们知道如果能充实颈部以上的部分，就永远不愁填饱颈部以下的部分，甚至不必忧愁老年的财务问题。

一个人必须找到自己的家，才不至于去流浪或沦为乞丐。首要的，即使你要出卖心灵，也要卖给自己。我们要接纳自己。我们必须清楚，人是以上帝自己的心意创造的，其地位仅次于天使。上帝不会设下有关年龄、教育、性别、胖瘦、肤色、高矮或其他任何表面上的限制，上帝也没有时间创造没用的人，更不会忽略任何人。

要做积极的人，首先要有积极的态度。两年前，卡尔·荣格先生与我不期而遇时，这位心理学家给我讲过一个故事：

有一个人被洪水困住了，他只得爬到屋顶上避难。邻居中有人漂浮过来说道："约翰，这次大水真是可怕，难道不是吗？"

约翰回答道："不，它并不怎么坏。"

邻居有点吃惊，就反驳说："你怎么能说不怎么坏？你的鸡舍已经被冲走了。"

约翰说："是的，我知道，但是六个月以前我已经开始养鸭了，现在它们都在附近游泳。每一件事情都还好。"

"但是，约翰，这次的水毁了你的庄稼，"邻居坚持说。

约翰回答说："不，并不。我种的庄稼因为缺水而受损，就在上周，还有人告诉我，我的土地需要更多的水，所以这下就解决了。"

那位悲观的邻居再次对满脸微笑的约翰说："但是你看，约翰，大水还在上涨，就要涨到你的窗户上了。"

乐观的约翰笑得更开心了，说道："我希望如此，这些窗户实在太脏，需要清洗一下。"

这听起来像个玩笑，但显然这是一种境界——决定以积极的态度来应对这个纷繁复杂、顺逆起伏的世界。一旦达到这种境界，即使遇到消极的情况，我们也能使心灵自动地做出积极的反应。为达到这种境界，我们只有充实、洁净我们的心灵。

每个人都能改变或被改变。荣格先生说，只要改变一个人的词汇，就能建立他的收入、他的享受，并改善他的生活，乃至改变他的人生。例如"恨"字，要把它从你的词汇中除去，不要想它，而是以写、感觉与梦想"爱"字来替代它。再比如"偏见"，不要看它、想它，而是以"了解"来取代它。显然，需要移去与取代的文字，几乎是永无止境的，但心灵却会在移取的过程中变得更加纯净、积极。

我们的心灵是以供应它的事物而行动。我相信，放进心灵中的事物对我的未来非常重要。所以问题显然是：我们要怎样喂养我们的心灵——找什么时间去补充精神食粮？

你是否听到过伐木者的产量会下降，只因为他没有抽出时间来磨利他的斧头？我们花钱，又花很多时间，去修饰头脑的外表：刮胡须、理头发，我们有没有必要花同样的时间和金钱，来化妆头脑的内部呢？当然有，而且可以做到。

事实上，精神食粮随处可得，例如书籍。经由伟大的心灵撞击而写成的书籍，没有一本不是洗涤并充实我们心灵的食粮，它们早已一劳永逸地为后人指明了方向，而我们可以从中任意挑选我们想要的。伟大的书籍就是伟大的智慧树，伟大的心灵之树，我们将在其中得以重塑。让我们学会既聪明又谦逊，既谦逊又聪明吧。

　　当然，我们不能读那些文字商人的书。他们的书有如瘟疫，散布无耻的邪念、讹误的消息和自负的愚蠢，他们的书只配捧在那些浅薄、庸俗的人的手里。我们需要的是能给我们带来行动的信心与力量，能够将我们的人生推到另一个新高度，和引导我们行善的书。

　　例如《奋力向前》。它是一部激荡我们灵魂、激发我们生命热情的伟大著作，我相信美国人民都将因它的问世而受惠，并因此以最积极的方式运用自身的力量，抵达梦想的生命之境。我甚至相信，谁错过读它的机会，谁就很可能错过伟大的人生。我希望我的子孙都能去读这本书，它能为所有的人开启幸福快乐之门。

　　引领人们爬向高峰的动力，是一种定期滋润与强调而日趋旺盛的驱动力。那些拥有成功人生的人，无疑的都能体认到，高峰有很多空间，但是没有足够的空间供人坐下停留。他们了解，心灵像身体一样，必须定期给予营养才行，身体、心理与精神方面的营养，都要分别照顾到。

　　约翰，没有谁可以阻挡我们回家的路，除非我们不想回来。让心灵之光照耀我们前进的路。

爱你的父亲

33
给"贪心"保留一个位置

- 在人的本性中早就潜藏着一种力量,一种丛生于缺少能力与意志之地的力量,那就是嫉妒。
- 我所能做的就是让嫉妒我的人继续嫉妒。
- 没有一个社会不是建立在贪心之上。
- 在未来,不贪心的人仍将是地球上的稀有者。
- 从贪心开始,才会有希望!
- 我们都处在一个贪心的世界之中,我认为使用贪心较使用抱负更纯朴。
- 成功与失败的间距并不像人们想象的那么大,仅仅是一念而已,而是要看谁有强烈的贪心。

May 6,1918

亲爱的约翰:

不要理会说我贪心的那些人。

多少年来我都在享受着这个在别人看来似乎并不太美妙的"颂扬"——贪心。这份对我特别的颂扬,最早出现在我的事业如日中天之时,那时洛克菲勒的名字已不再仅仅是代表一个人的符号,而是财富的象征,一个庞大的商业帝国的象征。

我记得当时有很多人、很多报纸都加入了如此"颂扬"我的行列。但这样的颂扬并没有让我的心跳加快，尽管我知道这样的颂扬无非是要诋毁我，无非是要为我创建的商业帝国刷上一层令人生厌的铜臭。

但我知道，在人的本性中早就潜藏着一种力量，一种丛生于缺少能力与意志之地的力量，那就是嫉妒。当你超越了他们的时候，他们就会嫉恨你，就会用带有贬义的字眼指责你，甚至用编造谎言的手法来诋毁你，同时在你面前还要表现得非常高傲——在我看来，那并非是高傲，它恰恰是虚弱。有意思的是，当你远不如他们，生活得潦倒不堪时，他们又会讥笑你，讥笑你无能、愚蠢，甚至会把你贬低得没有任何做人的尊严。我的儿子，这就是人之本性！

上帝没有赋予我改变人类本性的使命，我也没有闲心去阻止某些人要"恭维"我贪心的行为，我所能做的就是让嫉妒我的人继续嫉妒！尽管我知道，如果我能将我所创造的财富让那些如此恭维我的人带走，他们也将带走那份恭维，但我不能！我相信，除非我中了什么魔法，否则任何人都不能！

绅士永远不会与无知者争辩，我当然不会同那些"恭维"我贪心的人论战，但我抑制不住蔑视他们无知的情绪。冷静地回溯历史，检视人类的脚印，我们就能得出这样的结论：没有一个社会不是建立在贪心之上。那些要诋毁我的人，看似道德的守望者，他们有谁不想独占自己拥有的东西？有谁不想掌控所有好的东西？有谁不想控制每个人都需要的一切？虚伪的人总是那么多。

没有不贪心的人。如果你有一颗橄榄，你就会想拥有一整棵的橄榄树。我行走于人世已近八十年，我见过不会吃牛排的人，却没有见过一个不贪心的人，尤其是在商界。功利、拜金的背后只印着一个单词，那就是贪心。我相信，在未来，不贪心的人仍将是地球上的稀有者。谁会停止对美好事物的追求和占有呢？

阿奇博尔德先生说我是能够闻到终点线味道的赛马，一旦那样我便会开始冲刺。我知道这多少有点奉承我的味道，但在我心里，我的确早就给贪心留好了位置。

在我读商业学校时，我的一位老师说过一句让我终生难忘的话，这句话可以说改变了我的命运,他说:"贪心没有什么不好,我认为贪心是件好事,人人都可以贪心。从贪心开始,才会有希望!"

当我的老师在讲坛上喊出这番极富煽动和刺激性的话语时,台下的同学们为之哗然。因为只要想一想"贪心"的意义,就知道这个字眼完全违背大多数人从小习得的道德观念,这种道德观融于宗教、社会、伦理、政治和法律等各个层面,它所具有的标尺般的作用,无疑要给这个字眼打上肮脏的烙印。

但当我走向社会、踏上创造财富之旅后,我才深深地体认到,那份学费花得真是值得,我老师的主张相当具有洞见。就像那些进化论者所告诉我们的那样,自然界不是仁慈、无私的地方,而是强者为王、适者生存的天地,我们这个所谓的文明社会也同样如此。如果你不贪心,或许你就会被别人贪掉,毕竟可口的甜点不是很多。

如果你要想创造财富成就,创造非凡的人生,你不仅要认同"贪心是件好事"这个观念,你更要认识到贪心大有必要!

贪心的潜台词,就是我要,我要的更多,独占才好!有谁不曾在心底做此呐喊?为政者会说,我要掌权,我要由州长再做总统;经商者会说,我要赚钱,我要赚更多的钱;为人父母者会说,我希望我的儿子能有所成就,永远过着富足、幸福的生活。诸如此类,不一而足。只是囿于道德、尊严,顾及脸面,人们才将贪心紧紧地遮掩起来,才使得贪心成为禁忌的观念。

事实上,只要追逐名利的世界一天不被毁灭,只要幸福一天不变得像空气那样唾手可得,人类就一天不能停止贪心。

那些爱扒粪的人,总视贪心为恶魔。但在我看来,打开我们贪心之锁,并不同于打开潘多拉盒子;释放出无时无刻不在跳动的贪心,就等于释放出了我们生命的潜能。我由一个周薪只有五美元的簿记员到今天美国最富有的人,正是贪心让我实现了这个奇迹。贪心是推动我创造财富的力量,正如它是推动社会演进的强大动力一样。

在我使用贪心一词时,你或许希望我把它换成抱负。不,我们都处在一个贪心的世界之中,我认为使用贪心较使用抱负更纯朴。纯朴是灵魂中一种正直无私的素质,它与真诚不同,比真诚更高尚。

在与山姆·安德鲁斯先生合办石油公司之初，我的贪心就在膨胀。每天晚上在睡觉前，我都在忠告自己：我要成为克里夫兰最大的炼油商，让流淌的油溪化成一捆捆的钞票，我要让每一个念头都服从于利益动机，帮我成为石油之王。在最初的那段日子里，我事必躬亲，终日劳碌。我指挥炼油，组织铁路运输，苦思冥想如何节省成本，如何扩大石油副产品市场。我永远忘不了那段让我忍饥挨饿、夜以继日奔波在外的日子。

我的儿子，命运要由自己去开创，真心希望的东西一定要想方设法去得到。成功与失败的间距并不像人们想象的那么大，仅仅是一念而已，而且是看谁有强烈的贪心。谁具有这种力量，谁就能焕发并施展出自己的全部力量，尽力而为，超越自己。我每一个前进的步伐都能让我感受到贪心的力量！贪心不仅能让一个人的能力发挥到极致，也逼得他献出一切，排除所有障碍，全速前进。

很多人都曾问我同一个问题："洛克菲勒先生，是什么支持你走上了财富之巅？"我不能表露真实心声，因为贪心为人们所不齿。然而，事实是：支撑我成为一代巨富的支架，就是我唤起了我的贪心，更膨胀了我的贪心。

每个人的内心都深藏着一颗活泼、灵敏、有力量的贪心。但你必须热爱它，告诉自己我要贪心，叮嘱自己我要，我要的更多，它才会出来玩耍，助你成功。

没有任何力量可以阻止我解禁贪心，因为我追求成功。贪心之下实现的成功并非罪恶，成功是一种高尚的追求，如果能以高尚的行为去获得成功，对人类的贡献会远比贫困时所能做的更多，我做到了！

看一看今天我们所做的善举吧，将巨额财富投向教育、医学、教会和那些穷困的人，绝不是我一时心血来潮的个人施舍，那是一项伟大的慈善事业，世界正因为我的成功而变得美好。看来贪心很不错，更不是罪恶。

就此而言，如果那些说我贪心的人不是出于诋毁我的目的，我会欣然接受他们对我做出如此的评判。

约翰，我是我生命的重心，我决定什么适合我，所以我不在乎那些人说什么，我的心依然安宁。在有些人那里我似乎永远都是一个动机卑鄙的商人，即使我投资于惠泽民众的慈善事业，也会被他们视为一种诡计，怀疑我有追逐私利的动机，而丝毫看不到我无私的公益精神，更有甚者说我如此乐善好施是为了赎罪，这真是滑稽。

我想非常真诚地告诉你，你的父亲永远不会让你感到羞愧，装在我口袋里的每一分钱都是干净的。我之所以成为富人，是我超群的心智和强烈的事业心得到的回报。我坚信上帝赏罚分明，我的钱是上帝赐予的。而我所以能一直财源滚滚，如有天助，这是因为上帝知道我会把钱返还给社会，造福我的同胞。

到我该去读《圣经》的时间了。今晚的夜色真美，每颗明亮的星星都似乎在说："干得好！约翰。"

爱你的父亲

34
地狱里住满了好人

- 事实上我不喜欢钱,我喜欢的是赚钱,我喜欢的是胜利时刻的美好感觉。
- 如果你追求胜利,希望赢得胜利,就必须抗拒同情别人之类的念头。
- 在这个世界上能出人头地的人,都是那些懂得去寻找自己理想环境的人,如果他们不能如愿,就会自己创造出来。
- 傲慢通常会让人垮台。

August 11, 1918

亲爱的约翰:

今天,在去打高尔夫球的路上,我遇到了久违的挑战:一个年轻人开着一部时髦的雪佛兰高傲地超过了我的车子。他刺激了我这个老头子好胜的本性,结果他只能看我的车屁股了。这让我很高兴,就像我在商场上战胜我的对手一样地高兴。

约翰,好胜是我永不磨损的天性,所以我说那些谴责我贪欲永无止境的人都错了,事实上我不喜欢钱,我喜欢的是赚钱,我喜欢的是胜利时刻的美好感觉。

当然,让别人输掉的感觉有时会触动我的恻隐之心,但是,经商是一场严酷的竞争,没有什么东西比决心迫使别人出局更无情的了。可是你只能想方设法战胜对手,才能避免失败的悲惨命运。有竞争出现的地方，都是这样。

不可否认，想要成功，几乎多多少少都得牺牲别人。然而，如果你追求胜利，希望赢得胜利，就必须抗拒同情别人之类的念头。不能只想当好人，而不能保留实力，也不能逃避或延后让对手出局。要知道，地狱里住满了好人，失败的痛苦是商战的一部分，我们彼此都在扼杀对手，没有竞争奋斗到底的决心，就只有做失败者的资格。

坦率地说，我不喜欢竞争，但我努力竞争。每当遇到强劲的对手时，我心中争强好胜的本胜就会燃烧，而当它熄灭时，我收获的是胜利和快乐。波茨先生就曾为我带来这种快感，而且巨大。

与波茨先生开战，缘于我的一个错误，一个因好心而酿成的错误。在19世纪70年代，石油都集中在宾夕法尼亚州西北部一个不大的地方，如果在那里建设一个输油管道网络，将个个油井连接起来，我只需要借助一个阀门，便可以控制整个油区的开采量，从而彻底独霸这一行业。可是我担心，用管道长途运输会引起与我合作的铁路公司的不安与恐惧，所以为维护他们的利益，我一直没有启动铺设输油管道的计划，更何况他们都曾帮助过我。

但是，那个曾经耍过我、又与我妥协了的宾夕法尼亚州铁路公司却野心勃勃，他们努力想取代我，要将炼油业彻底置于他们的掌控之中。他们把油区两条最大的输油管道并入了自己的铁路网络，要以此卡住我们的脖子。而肩负完成这一使命的人，就是宾夕法尼亚州铁路的子公司帝国运输公司的总裁波茨先生。

坐视对手，哪怕是潜在的对手的实力增强，都是在削弱自己的力量，甚至会颠覆自己的地位，我可没那么愚蠢。我的信念是抢在别人之前达到目的。我迅速起用精明强干的奥戴先生组建了美国运输公司，与帝国公司展开了一场自卫反击战。感谢上帝，我们的努力获得了应有的回报，不出一年，我们控制了油区四成的石油运输业务，压制住了波茨先生的进攻。但这只是我与波茨先生较量的开始。

在这个世界上能出人头地的人，都是那些懂得去寻找自己理想环境的人，如果他们不能如愿，就会自己创造出来。

两年后，在宾夕法尼亚州布拉德福德又发现了一个新油田，奥戴先生迅速带领他的人扑向那个激起千万人发财梦想的地方，不分昼夜把输油管道铺向新油井。但油田的那帮家伙个个都很疯狂，毫无节制，恨不得一夜之间就把油全部采光，然后，面带喜悦揣着钞票走人。所以，不管奥戴他们怎么努力，都无法满足运输和储存石油的需要。

我不想看到辛辛苦苦的采油商们自掘坟墓，毁灭自己，我请奥戴警告采油商，他们的开采能力已经远远超过了我们的运输能力，他们必须缩减生产量，否则，他们开采出来的黑金就将变成一文不值的黑土。但没有人接受我们的好意和忠告，更没有人欣赏我们的努力，反来声讨我们，说竟敢不运走他们的石油。

就在布拉德福德的采油商们情绪激动到顶点的时候，波茨先生动手了。他先在我们的炼油基地纽约、费城、匹兹堡向我示威，收购我们竞争对手的炼油厂；接着，又开始在布拉德福德抢占地盘，铺设输油管道，要将布拉德福德的原油运到自己的炼油厂。

我很欣赏波茨先生的胆量，更愿意接受他欲想动摇我在炼油业统治地位而发起的挑战，但我必须将他赶出炼油行业。

我首先拜会了宾夕法尼亚州铁路公司的大老板斯科特先生，我直言不讳地告诉他，波茨先生是个偷猎者，他正在闯入我们的领地，我们必须让他停下来。但斯科特非常固执，决心让波茨的强盗行为继续下去。我没有选择，我只能向这个强大的敌人应战。

首先我们终止了与宾铁的全部业务往来，我指示部属将运输业务转给一直坚定地支持我们的两大铁路公司，并要求他们降低运费，与宾铁竞争，削弱它的力量；同时命令关闭依赖于帝国公司运输的在匹兹堡的所有炼油厂；随后指示所有处于与帝国公司竞争的己方炼油厂，以远远低于对方的价格出售成品油。宾铁是全美最大的运输公司，斯科特先生是握有运输大权的巨头，他们以从未被征服为荣。但在我立体、压迫式的打法下，他们只有臣服。

为与我对抗，他们忍痛给予我们竞争对手巨额折扣，换句话说，他们为别人服务还要付给别人钱。接着他们使出了不得人心的一招——裁减雇员、削减工资。斯科特和波茨没有想到，这很快招致了惩罚，愤怒的工人们为发泄不满，一把大火烧了他们几百辆油罐车和一百多辆机车，逼得他们只得向华尔街银行家们紧急贷款。结果，当年宾铁的股东们非但没有分得红利，而且股票价格一落千丈。他们与我决斗的结果，就是他们的口袋越来越干净。

波茨先生不愧是个军人，在你死我活的硝烟中拼出了上校的军阶，有着令人钦佩的不屈不挠的意志力。所以，在已经分胜负的情况下，他还想继续同我战斗下去。但同样有着军旅生涯的斯科特先生，尽管此前曾是最有统治欲、最独裁的实力派人物，但他更懂得什么叫识时务，他果断地低下了他不可一世的脑袋，派人告诉我，非常希望讲和，停止炼油业务。

我知道，波茨上校想要证明自己是伟大的摩西，可惜他失败了，他彻底失败了。几年后，波茨放弃了与我对抗的欲望，成为了我属下一个公司里积极勤奋的董事。这个精明又滑得像油一样的油商！

傲慢通常会让人垮台。斯科特和波茨之流自以为出身高贵，一直目空一切，所以，能成功驯服这些傲慢的犟驴，我的心都在跳舞。

约翰，我喜欢胜利，但我不喜欢为追求胜利而不择手段。不计代价获得的胜利不是胜利，丑恶的竞争手段让人厌恶，那等于是画地为牢，可能以后永远无法超越。即使赢得一场胜利，也可能失去以后再获胜的机会。而循规蹈矩不表示必须降低追求胜利的决心，却表示用合乎道德的方式去赢得明确的胜利，也表示在这种限制下，全力、公平、无情地追求胜利。我希望你能做到这一点。

爱你的父亲

35
把部属放在第一位

- 尊重别人是满足我们道德感的需要,但我发现它还是激发雇员努力工作的有效工具。
- 给予人们应得的尊重,他们就能将潜能彻底发挥。
- 我希望每一个为我做事的人都因我而富有。
- 薪水和奖金相当诱人,然而对一些人来说,金钱并不能引发他们效命的动机,但给予重视却能达到这个目的。
- 一个善于激励雇员做出最大贡献的雇主,时刻不应忘记的是,让雇员看到追随或效忠你是有希望和前途的,而给予重视、委以重任其实也是能让雇员有动力在工作上打拼的关键。
- 没有一件事的影响力,比及时而直接的感谢来得更为深远。

September 19,1925

亲爱的约翰:

想象一下这样的场面:一位交响乐团的指挥,准备让买票进场的观众欣赏一场高水准的演出,但是他却转身去面向观众,留下音乐家们独自奋战、辛苦演奏,结果会怎么样?

是的!这注定是一场最糟糕的音乐会。因为指挥没把音乐家放在眼里,后者就会用消极怠惰来"感谢"他,并搞砸一切。

每个雇主就像是一位乐团的指挥，他做梦都想激励、调动起所有雇员的力量，使之尽可能多地做出贡献，帮助他演奏出赚钱的华丽乐章，让他赚到更多、更多的钱。然而，对许多雇主而言，这注定是一场难以实现的梦，因为他们就像那位愚蠢的指挥，忘了善待雇员，以至于轻易就关闭了雇员们情愿付出的大门。

同他们一样，我期望所有的雇员都能像忠实的仆人那样，全心全意为我做出更多的贡献，但是，我比愚蠢的指挥聪明许多，我非但不会无视雇员的存在，反而会认真看待他们，准确地说，在我的脑子里始终把为我卖命的雇员摆在第一位。

凭心而言，我没有理由不善待那些用双手让我钱袋儿鼓起来的雇员，我没有理由不去感激他们为我做出的努力与牺牲，更何况我们这个世界本该就应充满温情。

我爱我的雇员，我从不高声斥责、侮辱谩骂他们，也不会像某些富人那样在他们面前盛气凌人、不可一世，我给予雇员的是温情、平等与宽容。所有这些合成一个词就叫尊重。尊重别人是满足我们道德感的需要，但我发现它还是激发雇员努力工作的有效工具。标准石油公司的每个雇员都为公司竭尽全力工作的事实让我坚信：给予人们应得的尊重，他们就能将潜能彻底发挥。

人性最基本的一面，就是渴望获得慷慨。我本人勤俭自持，却从没忘了要慷慨帮助他人。记得那次经济大萧条时，我曾数次借债来帮助那些走投无路的朋友，让他们的工厂和家人平安度过了危机。而在我的记忆中我从无催债和逼债的记录，因为我知道心地宽容的价值。

至于对雇员，我同样慷慨、体恤，我不但发给他们比任何一家石油公司都要高的薪金，还让他们享受保证他们老有所终的退休金制度，还给予他们每年约见老板要求为自己加薪的机会。我不否认付出慷慨的功利作用，但我更知道我的慷慨将换来雇员生活水准的提升，而这恰恰是我的职责之一；我希望每一个为我做事的人都因我而富有。

雇主就是雇员的守护神，雇员的问题就是我的问题。我握有选择权，我可以选择忽略他们的需求，也可以选择满足他们的需求，但我喜欢选择后者。我总试图了解雇员需要什么，接着就想办法满足他们的需求。我不断询问他们两个问题:"你需要什么"和"我可以帮上什么忙",我随时都在旁边关心他们。对我来说,这个职务最大的乐趣之一,就是我能对雇员提供一臂之力。

薪水和奖金相当诱人,然而对一些人来说,金钱并不能引发他们效命的动机,但给予重视却能达到这个目的。在我看来,每个人都渴望被认为有价值、受到重视、赢得他人的尊重,每个人的脖子上都挂着一幅无形的标志,上头写着:重视我!

我无法想象一个人在工作或在家庭中不被重视的痛苦,我的目的是要让每个人在工作时都能如沐春风。所以,我就像个要侦查出破案线索的侦探,不停地搜索每个雇员对他自己感到自豪的才能。当我了解到他们认为自己最值得重视的才能后,我就会给予他们重任。一个善于激励雇员做出最大贡献的雇主,时刻不应忘记的是,让雇员看到追随或效忠你是有希望和前途的,而给予重视、委以重任其实也是能让雇员有动力在工作上打拼的关键。

做和善、温暖、体贴的雇主,可以使雇员精力充沛,士气高昂。但对雇员时常表示谢意,似乎也很有作用。没有一位雇员会记得五年前得到的奖金,但是有许多人对雇主的溢美之词会永远铭记在心。我会不吝表达心中的感激之情。没有一件事的影响力,比及时而直接的感谢来得更为深远。

我喜欢在部属桌上留一张便条纸,上头写着我的感谢词。对于我花一两分钟信手写来的感激之语,我本人可能早已不复记得。但是我的感激之意却会产生鼓舞人心的影响,经过多少年后,他们还都能记得我这个慈爱的领导者留给他们的温暖鼓励,并视其为一个珍贵的箴言。这就是一则简单的感谢声明,能够展现强大力量的另一个明证。

我绝对会认真看待我的部属,以及他们在工作或个人方面的问题。我了解每个人能付出的毕竟有限,因此当我尽力为部属解决问题的同时,相对地,他们就可以做出更多的贡献。

约翰,现在你已经是位领导者,你的成就来自于你的能力,也来自于雇员们能力的发挥,我相信你该知道怎么做。

爱你的父亲

36
成功的种子就在自己手中

- 从贫穷通往富裕的道路永远是畅通的,重要的是你要坚信——我就是我最大的资本。
- 每一个渴望成功的人都应该认识到,成功的种子就撒在他自己身边。
- 你的钻石不在遥远的高山与大海之间,如果你决心去挖掘,钻石就在你家后院。
- 每个人都有一定的理想,这种理想决定着他的努力和判断的方向。

May 29,1926

亲爱的约翰:

　　昨天,就在昨天,我收到一个立志要成为富翁的年轻人的来信。他在信中恳请我回答一个问题:他缺少资本,他该如何去创业致富?

　　上帝呀,他是想让我指明他生命的方向。可是教诲他人似乎不是我的专长,而我又无法拒绝他的诚恳,这真令人痛苦。但我还是回信告诉他,你需要资本,但你更需要常识。常识比金钱更重要。

　　对于一个要去创业的贫寒之子而言,他们常常苦恼于缺少资本。如果他们再恐惧失败,他们就将犹疑不决,像蜗牛般缓慢行进,甚至止步于通向成功的道路,而永远无法出人头地。所以我在给那个年轻人的回信中特别提醒他:

"从贫穷通往富裕的道路永远是畅通的,重要的是你要坚信——我就是我最大的资本。你要锻炼信念,不停地探究迟疑的原因,直到信念取代了怀疑。你要知道,你自己不相信的事,就会无法达成——信念是带你前进的力量。"

每一个渴望成功的人都应该认识到,成功的种子就撒在他自己身边。只要认识到这一点,他就能获得想要得到的东西。在信中我给那个年轻人讲了一个阿拉伯人的故事,我相信这个故事定将惠泽他人,乃至所有的人。

那个给我讲述这个故事的人是这样告诉我的:

从前有个波斯人,名叫阿尔·哈菲德,住在离印度河不远的地方,他拥有一大片兰花园、数百亩良田和繁盛的园林。他是个知足的人,而且十分富有——因为他很富有,所以他十分知足。有一天,一位老僧人来拜访他,坐在他的火炉边跟他说:"你富有,生活得也安逸,但是,你如果有满满一手钻石,你就可以买下整个国家的土地。要是你能拥有一座钻石矿,你就可以利用这笔巨大财富的影响力,把孩子送上王位。"

哈菲德听了老僧人这番极具蛊惑力的话之后,当天晚上上床时,他就变成了一个穷人——不是因为他失去了一切,而是他开始变得不满足,所以他觉得自己很穷;也因为他认为自己很穷,所以得不到满足。他想:"我要一座钻石矿。"所以,他整夜都难以入睡。第二天一大早他就跑去找那位僧人。

老僧人一大早就被叫醒,非常不高兴。但哈菲德完全不顾及这些,他满不在乎地把老僧人从睡梦中摇醒,对他说:"你能告诉我什么地方可以找到钻石吗?"

"钻石?你要钻石做什么?"

"我想要拥有庞大的财富,"哈菲德说,"但我不知道哪里可以找到钻石。"

"哦,"老僧人明白了,他说,"你只要在山里面找到一条在白沙上穿流的河,就可以在沙子里找到钻石。"

"你真的认为有这样一条河吗?"

"多得很,多得很呐!你只要出去寻找,一定会找到。"

"我会的，"哈菲德说。

于是，他卖掉农场，收回借款，把房子交给邻居看管，就出发寻找钻石去了。

哈菲德先是去了月光山区寻找，而后到了巴勒斯坦，接着又跑到欧洲，最后他花光了身上所有的钱，变得一文不值。他如同乞丐般站在西班牙巴塞罗纳海边，看到一道巨浪越过赫丘力士石柱汹涌而来，这个历经沧桑、痛苦万分的可怜虫，无法抵抗纵身一跳的诱惑，就随着浪峰跌入大海，终结了一生。

在哈菲德死后不久，他的财产继承人拉着骆驼去花园喝水。当骆驼把鼻子伸到花园那清澈见底的溪水中时，那个继承人发现，在浅浅的溪底白沙中闪烁着奇异的光芒，他伸手下去，摸到一块黑石头，石头上面有一处闪亮的地方，发出了彩虹般的色彩。他将这块怪异的石头拿进屋子，放在壁炉的架子上，又继续去忙他的工作，完全忘记了这件事。

几天后，那个告诉哈菲德在哪里能找到钻石的老僧人来拜访哈菲德的继承人。他看到架子上的石头发出的光芒，立即奔过去，惊讶地叫道："这是钻石！这是钻石！哈菲德回来了吗？"

"没有，他还没有回来，而且那也不是钻石，那不过是一块石头，是我在我家的后花园里发现的。"

"年轻人，你发财了！我认识钻石，这真的是钻石！"

于是，他们一起奔向花园，用手捧起溪底的白沙，发现许多比第一颗更漂亮、更有价值的钻石。

这就是人们发现印度戈尔康达钻石矿的经过。那是人类历史上最大的钻石矿，其价值远远超过南非的金百利。英王皇冠上镶嵌的库伊努尔大钻石，以及那颗镶在俄皇王冠上的世界第一大钻石，都是采自那座钻石矿。

约翰，每当我记忆起这个故事，我就不免为阿尔·哈菲德叹息。假如哈菲德能留在家乡，挖掘自己的田地和花园，而不是去异乡寻找，他也就不会沦为乞丐，贫困挨饿，以致跃入大海而亡。他本来就拥有遍地的钻石。

并非每一个故事都具有意义，但这个阿拉伯人的故事却给我带来了宝贵的人生教诲：你的钻石不在遥远的高山与大海之间，如果你决心去挖掘，钻石就在你家后院。重要的是要真诚地相信自己。

　　每个人都有一定的理想，这种理想决定着他的努力和判断的方向。就此意义而言，我以为，不相信自己的人就跟窃贼一样，因为任何一个不相信自己，而且未充分发挥本身能力的人，可以说是向自己偷窃的人；而且在这过程中，由于创造力低落，他也等于是从社会偷窃。由于没有人会从他自己那里故意偷窃，那些偷窃自己的人，显然都不是故意的。然而这种罪状仍很严重，因为其所造成的损失，跟故意偷窃一样大。

　　只有戒除这种向自己偷窃的行为，我们才能爬向高峰。我希望那个渴望发财的年轻人，能思索出其中所蕴含的教诲。

爱你的父亲

37
别丢掉雄心和目标

- 人活着就得有目标和雄心，否则，他就像一艘没有舵的船，永远漂流不定，只会到达失望、失败与丧气的海滩。
- 财富与目标成正比。
- 一个人不是在计划成功，就是在计划失败。
- 伟大的目标能使你发挥全部的力量，也才会有刺激。
- 我相信为自己勤奋会致富，但不相信努力为别人工作就一定成功。
- 在大公司做事，能让我以大公司的方式思考问题。
- 如果你不想让别人偷走你的梦想，那你就在被挫折击倒后立即站起来。
- 如果将替老板努力工作视为铸就有朝一日为自己效劳的阶梯，那无疑就是创造财富的开始。
- 对我来说，第二名跟最后一名没有什么两样。
- 伟大的人生就是征服卓越的过程，我们必须向这个目标前进。

March 15，1931

亲爱的约翰：

"没有雄心的人不会成就大事。"这是我那位汽车大王朋友亨利·福特先生，昨天来看我时向我吐露的成功秘密。

我非常敬佩这个来自密歇根的富豪，他是一个执着而又坚毅的家伙。他几乎与我有着同样的经历，做过农活儿，当过学徒，与人合伙开办过工厂，通过奋斗最终成为了这个时代全美最富有的人之一。

在我看来，福特先生是一个新时代的缔造者，没有任何一个美国人能像他那样，完全改变了美国人的生活方式。看看大街上往来穿梭的汽车，你就知道我绝非在恭维他，他使汽车由奢侈品变为了几乎人人都能买得起的必需品。而他创造的奇迹也把他变成了亿万富翁。当然，他也让我的钱袋鼓起了很多。

人活着就得有目标和雄心，否则，他就像一艘没有舵的船，永远漂流不定，只会到达失望、失败与丧气的海滩。福特先生的雄心超过了他的身高，他要缔造一个人人都能享用汽车的世界。这似乎难以想象，但他成功了，他成了全球小汽车市场的主人，并为福特公司赚得了惊人的利润，用这个家伙的话说，"那不是在制造汽车，那简直是在印刷钞票"。我不难想象，既腰缠万贯，又享有"汽车大王"的盛誉，福特是怎样一个好心情。

福特创造的成就，证明了我的一个人生信条：财富与目标成正比。如果你胸怀大志、目标高远，你的财富之山就将垒向云霄；如果你只想得过且过，那你就只有做末流鼠辈的分儿了，甚至一事无成，即使财富离你近在咫尺，你只会获得很少的一点点而已。在福特成功之前，有很多汽车制造商都比他有实力得多，但他们当中破产的人也很多。

人被创造出来是有目的的，一个人不是在计划成功，就是在计划失败。这是我一生的心得。

我似乎从不缺少雄心，从我很小的时候开始，要成为最富有的人，就一直是我心中的抱负与梦想。这对一个穷小子来说，好像有些过大。但我认为目标必须伟大才行，因为想要有成就，必须有动力，伟大的目标能使你发挥全部的力量，也才会有动力。失去动力，也就等于没有了一股强大的力量推动你向前。不要做小计划，因为它不能激励心灵，我经常这样提醒自己。

当然，成就伟大的机会并不像湍急的尼亚加拉大瀑布那样倾泻而下，而是慢慢地一次一滴。伟大与接近伟大之间的差异，就是领悟到如果你期望伟大，你必须每天朝着目标努力。

但对于一个穷小子而言，如何才能将这个伟大的梦想变成可触摸的现实呢？难道去靠努力为别人工作来实现它吗？这是个愚蠢的主意。

我相信为自己勤奋会致富，但不相信努力为别人工作就一定成功。在我住进百万富翁大街前，我就发现，在我身边，很多穷人都是工作最努力的人。现实就是如此残酷，不管雇员努力与否，替老板工作而变得富有的人少之又少。替老板工作所得的薪金，只能在合理预期的情况下让雇员活下去，尽管雇员可能会赚到不少钱，但变得富有却很难。

我一直视"努力工作定会致富"为谎言，从不把为别人工作当作积累可观财富的上策；相反，我非常笃信为自己工作才能富有。我采取的一切行动都忠于我的伟大梦想和为实现这一梦想而不断达成的各个目标。

在我离开学校、寻找工作的时候，我就为自己设定了一个目标：要到一流的公司去，要成为一流的职员。因为一流的公司会给我一流的历练，塑造我一流的能力，让我长到一流的见识，还会让我赚到一笔丰厚的薪金——那是开创我未来事业的资本，而这一切无疑是我通往成功之路的最坚实的基石。

当然，在大公司做事，能让我以大公司的方式思考问题，这点很重要。所以，我仰慕大公司，我要去的是高知名度企业。这注定要让我吃些苦头。我先到了一家银行，很不走运，被拒绝了；我又去了一家铁路公司，结果仍是悻悻而归。当时的天气似乎也要跟我作对，酷热难耐。但我不顾一切，继续不停地寻找。那段日子，寻找工作成了我唯一的职业，每天早上八点，尽我所能地把自己打扮一番，就离开住地开始新一轮的预约面试。一连几个星期，我把列入名单的公司跑了一遍，结果仍一无所获。

这看起来很糟，不是吗？但没人能阻止你前进的道路，阻碍你前进最大的人就是你自己，你是唯一永久能做下去的人。我告诫自己：如果你不想让别人偷走你的梦想，那你就在被挫折击倒后立即站起来。我没有沮丧、气馁，连续的挫折反而更坚定了我的决心。我又径直从头开始，一家一家地跑，有几家公司甚至让我跑了两三次。

上帝终未将我抛弃，这场不屈不挠的求职之旅终于在6个星期后的一个下午结束了。1855年9月26日，我被休伊特—塔特尔公司雇佣了。

这一天似乎决定了我未来的一切。直到今天，每当我问起自己，要是没有得到那份工作会怎么样时，我常常会浑身颤抖不停，因为我知道那份工作都给我带来了什么，失去它我又将如何。所以，我一生都把9月26日当作"重生日"来庆祝，对这一天抱有的情感远胜过我的生日。

写到这儿，我自己都被自己感动了。

人在功能上就像是一部脚踏车，除非你向上、向前朝着目标移动，否则你就会摇晃跌倒。三年后我带着超越常人的能力与自信，离开了休伊特—塔特尔公司，与克拉克先生合伙创办克拉克—洛克菲勒公司，开始了为自己工作的历史。

愚蠢的努力工作很可能在百般辛苦之后仍一无所获，但是，如果将替老板努力工作视为铸就有朝一日为自己效劳的阶梯，那无疑就是创造财富的开始。给自己当老板的感觉真是棒极了，简直无以言表。当然，我不能总沉浸在年方18岁就跻身贸易代理商行列的得意之中，我告诫自己："你的前程就系于一天天过去的日子，你的人生终点是全美首富，你距离那里还很远很远，你要继续为自己努力。"

做最富有的人，是我努力的依据和鞭策自己的力量。在过去的几十年中，我一直是追求卓越的信徒。我最常激励自己的一句话就是：对我来说，第二名跟最后一名没有什么两样。如果你理解了这句话，你就会明白，我能以无可争辩的王者身份统治了石油工业是不足为奇的。

我们每一个人都生活在希望之中，但我更多的是生活在目标的达成之中。我的人生目标就是要成为第一，这也是我设法订出并努力遵守的人生规划。我所付出的所有努力和行动，都忠于我的人生目标、人生规则。

上帝赋予我们聪明的头脑和坚强的肌肉，不是让我们成为失败者，而是让我们成为伟大的赢家的。二十年前的今天，联邦法院解散了我们那个欢乐的大家庭，但每当想起我创造的成就，我就兴奋不已。

伟大的人生就是征服卓越的过程，我们必须向这个目标前进，不怕痛苦，态度坚决，准备在漫长的道路上跌跤。

爱你的父亲

38
敢于冒险才能利用机会

- 好奇才能发现机会,冒险才能利用机会。
- 风险越高,收益越大。
- 金钱像粪便一样,如果你把它散出去,就可以做很多的事,但如果你要把它藏起来,它就会臭不可闻。
- 要想获胜就必须了解冒险的价值,而且必须有自己创造幸运的远见。
- 几乎可以确定,安全第一不能让我们致富;要想获得报酬,总是要接受随之而来的必要的风险。
- 大胆筹划,小心实施。

November 2,1936

亲爱的约翰:

明天,也许等不到明天,就有一个人要过上富人生活了。报上说他叫大卫·莫里斯,与美国独立战争时期的财政总监、费城商业王子罗伯特·莫里斯先生同姓,他刚刚在赌场上交了好运,赢了一大堆钱,还说他是一位赌场上的高手,同时登出了这位赌徒的一句人生格言:"好奇才能发现机会,冒险才能利用机会。"

你知道,我对嗜赌的人一向不以为然,但对这位先生却不能不刮目相看,我甚至相信,以他这等近于哲学家般的智慧和头脑,如能投身商界,他或许会成为一个职业上的成功者——一个优秀的赌徒了。

我做如此带有欣赏性的假设，并不是说优秀的赌徒就会成为优秀的商人，事实上，我厌恶那些把商场视为赌场的人，但我不拒绝冒险精神，因为我懂得一个法则：风险越高，收益越大。而驰骋商海，对每一个人来说，都是生活提供给他的最伟大的历险活动。

我的人生轨迹就是一趟丰富的冒险旅程，如果让我找出哪一次冒险对我最具决定性、最关乎我的未来，那莫过于打入石油工业那次冒险了。

在投资石油工业前，我们的本行——农产品代销正做得有声有色，继续下去我完全有望成为大中间商。但这一切让那位安德鲁斯先生改变了，他是照明方面的专家，他告诉我："约翰，煤油燃烧时发出的光亮比任何照明油都亮，它必将取代其他的照明油。想想吧，约翰，那将是多么大的市场，如果我们的双脚能踩进去，那将是怎样的一个情景啊！"

我拥有的东西越多，力量就越大。机会来了，放走它不仅仅是金钱，而是在削弱你在致富竞技场上的力量。我告诉安德鲁斯：我干！我们投资四千元钱，对我们来说那可是一笔大钱，好大一笔钱呐，做起了炼油生意。钱投下去，我就不去考虑失败，尽管那个时候石油在造就许多百万富翁的同时，它也在使更多人沦为穷光蛋。

我一头扎进炼油业，苦心经营。不到一年，炼油为我们赢得了超过农产品的利润，成为了公司第一大生意。在那一刻我意识到，是胆量，是冒险精神，为我开通了一条新的生财渠道。

当时没有哪一个行业能像石油业那样能一夜暴富，这样的前景大大刺激了我赚大钱的欲望，更让我看到了盼望已久的大展宏图的机会。我告诫自己："你一定要紧紧抓住它，它可以把你带到梦想之境。"

但我随后大举扩张石油业的经营战略，令我的合伙人克拉克先生大为恼怒。克拉克是一个无知、自负、软弱、缺乏胆略的人。他害怕失败，主张采取审慎的经营策略，这与我的经营观念完全背离。在我眼里，金钱像粪便一样，如果你把它散出去，就可以做很多的事，但如果你要把它藏起来，它就会臭不可闻。克拉克不是一个好商人，他不知道金钱的真正价值。

当我们对重要的事情漠然以对时，我们交叠的人生也就走到了穷途末路。克拉克已经成了我成功之路上的绊脚石，我必须踢开他——和他分手。这是一个重要时刻。

想获胜必须了解冒险的价值，而且必须有自己创造幸运的远见。对我来说，与克拉克先生分手无疑是一场冒险，在我决定豁出一切、大举进入石油业之前，我必须确信石油不会消失。在那个时候，很多人都认为石油是一朵盛开的昙花，难以持久。我当然希望油源不会枯竭，而一旦没有了油源，那些投资将一文不值，我的下场可能连赌场上的赌徒都不如。但我收到的信息让我乐观，油源不会消失。是说分手的时候了。

在向克拉克先生摊牌前，我先在私下把安德鲁斯先生拉了过来，我跟他说："我们要走运了，有一笔大钱在等着我们，那可是一笔大钱哪。我要终止与克拉克兄弟的合作，如果我买下他们的股份，你愿意和我一起干吗？"安德鲁斯没有让我失望。几天后，我又拉到几家支持我的银行。

那年二月，在经过一系列准备之后，我向克拉克先生提出分道扬镳，尽管他很不情愿，但我去意已决。最后，我们大家商定把公司拍卖给出价最高的买主。

直到今天，一想起那次拍卖现场的情景，仍让我激动不已，那种感觉就像在赌场上赌博一样，让人惊心动魄，全神贯注。那是一场豪赌，我押上去的是金钱，赌出来的却是人生。

公司从五百元开拍，但很快就攀升到几千元，而后又慢慢爬到五万元，这个价格已经超出了我对炼油厂的预估价值。但竞拍价格一直在上涨，开始突破六万，又一步一步飙到七万。这时我开始恐惧，我担心自己是否能买下这个公司——一个由我亲手缔造的企业，是否出得起那么多钱。但我很快镇静下来，我闪电般地告诫自己："不要畏惧，既然下了决心，就要勇往直前！"竞争对手报价七万两千元，我毫不迟疑，报价七万两千五百元。这时，克拉克先生站起来，大喊："我不再加了，约翰，它归你了！"

亲爱的约翰，那是决定我一生的时刻，我感受到它超乎寻常的意义。

当然，我为与克拉克先生分手付出了高昂的代价，我把代理公司的一半股份和七万两千五百元都给了克拉克，但我赢得的却是自由和光辉的未来。我成了自己的主人，自己的雇主，从此不再担心那些目光短浅的平庸之辈挡我的路。

在我21岁时,我就拥有了克里夫兰最大的炼油厂,已经跻身于世界最大炼油商之列,今天想来,这个每天能吃掉五百桶原油的家伙,无异于是我走向石油霸主之路、征服石油王国的利器。感谢那场竞拍,它是我获得人生成功的开始。

几乎可以确定,安全第一不能让我们致富,要想获得报酬,总是要接受随之而来的必要的风险。人生又何尝不是这样呢?

没有维持现状这回事,不进则退,事情就是这么简单。我相信,谨慎并非完美的成功之道。不管我们做什么,乃至我们的人生的重要抉择,我们都必须在冒险与谨慎之间做出选择。而有些时候,靠冒险获胜的机会要比谨慎大得多。

商人都是利润与财富的追逐者,要靠创造资源和取得他人的资源,甚至逼迫他人让出资源而使自己富有。所以,冒险是商人征战商场不可或缺的手段。

如果你想知道既冒险而又不招致失败的技巧,你需记住一句话:大胆筹划,小心实施。

爱你的父亲

下篇
洛克菲勒的教子法则

01
梦想起飞于正确的人生规划

洛克菲勒与妻子劳拉坐在台下，激动地听着女儿伊丽莎白的毕业演讲。圣路易中学是一所历史悠久的私立中学，能代表这所中学几千名优秀毕业生发言是十分荣耀的事情。即使如此，伊丽莎白仍对自己未来的职业选择充满困惑。这让洛克菲勒再次想起那句古老的谚语："年轻人总是生活在虚幻的雨季中，其实一切都会雨过天晴。"于是，他和妻子劳拉商量过后，请女儿在演讲完毕后到学校旁边的小咖啡厅，就这个问题展开了谈话。

"哦，贝茜，讲得真不错。你真棒！"洛克菲勒热情地吻了一下女儿的额头。

伊丽莎白的脸上带着纯真的笑："说真的，爸爸，我还真有点紧张呢！"谈话很快切入正题，她问父亲："爸爸，你说我10年后会干什么？"

洛克菲勒略一沉思，微笑着说："亲爱的女儿，其实有这种苦恼的人不仅仅是你，面临着这一重大抉择的年轻人多半都和你一样感到不安。这一困惑时期，历来都使年轻人感到苦恼。在年长者当中，也有人把这种优柔寡断的态度当作是'年轻人反复无常'而不予理睬。但我却认为，站在人生十字路口上的你，处于迷离恍惚的境界，不知所措，这是我们长辈的过错。

"作为集体社会，很遗憾我们没有尽到责任，没能使你们这个年龄层的人很有把握地决定自己未来的职业，没有为你们提供十分可靠的、确实能起到作用的信息。对总称'工学'领域里几十个不同的方面模糊不清，怎么能当工程师呢？对医师、法学家在工作上有什么要求，你能懂多少？当然不可能知道。"

伊丽莎白想了一会儿，似有所悟地问："那爸爸，怎么能了解我最感兴趣的职业呢？"

洛克菲勒热情地向女儿建议道："贝茜，其实关于职业选择有一个捷径，就是能有一个人在相当长的一段时间里，不惜时间和精力，对你感兴趣的职业的日常工作给予指点，实际上要获得有用的知识只有这种办法。

"值得高兴的是，我能在你弟弟就读的学校为实施这一方面的教学计划帮上点忙。这个教学计划是在一周的时间里从职业领域聘请演讲者。学生首先听一听12个人演讲的有关专业的大概情况，在这个基础上至少可选择自己特别关心的两种职业。然后我们安排学生参观自己所选择的职业现场：志愿当医生的人去参观医院；对提炼金属感兴趣的人，就让他们参观化工厂。

"通过这次参观，许多学生对自己以前所关心的职业改变了想法，另一些学生对自己所选择的职业越发热情高涨，当然，最大的收获是参加这个活动的全体学生对各种各样的谋生方式进行了若干尝试。

"的确，希望如此大规模的研究课题产生出具体的成果，仅仅一周的时间是不够的。但是，这所学校为使学生能选上在20年后的未来仍感到满意的职业，至少比起口头上的忠告，更需要让他们从实践经验中学习。

"有一个很现实也很尖锐的问题，也是我特别想对你说的，过去的社会几乎只为男性开辟职业道路，你祖母'人生'的轨迹是出生在这个世界上的瞬间时就被决定了的，那就是生儿育女，操持家务。以前，只有教师、护士等少数职业才被认为是适宜女性的职业。工作岗位是'男人的世界''女人该待的地方是家庭'。我常常想，实际上家庭才是'真正'的工作岗位，'从日出到日落，女人的工作却没完没了'，提出这样名言的恐怕不是男人吧。

"在这个急速变迁的社会里，一般的男性会说：'值得庆幸的是，生儿育女的任务只限于女性。'但现在庞大的女性队伍却在家庭外面工作。30年前我为取得正式的律师资格参加学习时，很少看到同一专业的女性。30年后的今天，占毕业生35%的学生都是女生。法律、公共管理、经营管理、工学、建筑、医学等，还有其他领域都有这种倾向。现在，事实上所有的职业领域都是你考虑的对象。可是，在如此繁多的职业中必须让你选择时，怎样才能缩小范围，这并不是没有办法的。"

"那么，我该怎么办呢？爸爸。"伊丽莎白更加困惑地问洛克菲勒。

"贝茜，对于现在的你来说，10年以后还是遥远的未来，但可以预测一下10年以后的你做什么工作才感到幸福、满足。在作这样长期打算的时候，可先制作一个有吸引力的职业表，然后综合考虑其他方面的因素。为了走进自己感兴趣的领域，对必要的科目是否有把握？这些职业的生活方式有什么特点呢？比如女警官必须轮流上班，你能做得到吗？像海洋生物学家、考古学家那样的就业机会恐怕是有限的吧？由于有地理上的限制，地质学家为了勘探新的矿床，必须长期离开家庭。在这种条件下，你能协调理想的家庭生活吗？如果没有特别吸引你的工作岗位，我劝你还是选择一个工作机会不受地理约束的职业。那样，即使迁居到别的地方，也可以把你的一技之长带走。

"在关于以后想做的事情方面，如果我能帮助你的话，就和你一起把你的白日梦压缩成两三个，经过讨论后，再对每个职业制订出参观现场的计划。在我的朋友当中，有几个是与你所选择的职业领域有关系的，并乐意跟我们一起商量的人。我们长辈，如果能在这个重大问题上，对年轻人起到一点作用，那就已经感到很欣慰了。我们以前犯过很多错误，因此总想看到你以及你的青年朋友避免同样的错误。我在乐观地想，这个计划完成的时候，你会对未来充满信心，并满怀新的希望。一定能够引导出某种正确的结论来。

"贝茜，你有信心了吗？况且你是那么优秀。"洛克菲勒对伊丽莎白说道。

"我想我已经有了一个初步的计划，真谢谢爸爸、妈妈！"伊丽莎白抚了一下长发，灿烂地一笑。

"最后，请让我再说一句，别忘了，你现在虽然正面临着一个沉闷、严肃、需要果断下决定的时期，但它同时又是一生中最快乐、最富有理想的时期。你今后要按照自己的理想安排自己的人生，做你所希望做的事情。希望你能静下来考虑一下，愿你做一个飞向蓝天的梦。"洛克菲勒望着女儿充满朝气的面庞，轻柔而严肃地说。

02
不仅要有目标，更要采取行动

蜡烛在银烛台上慢慢燃烧，饭厅里气氛温馨。可是孩子们的情绪看起来却似乎没有那么好。

洛克菲勒吃过一块牛排后，慢慢地开导他们："20岁到30岁是人生最为重要的学习阶段，如果在这一期间无法掌握好将来工作所必需的知识，就会无功而返，毫无成就。到了30岁时，你的生活就只剩下家庭生活的小圈圈。你会为了分期付款的住宅，或为了日常的生活而奔波。你在30岁时须抵达的人生目标，现在还仅仅是一个美梦，或者说是一个空想。但是你必须把它看成是鼓励现在的你的动力。不将这一富于动机的目标铭记心中，没有任何确切的目标，要进行长时间的学习，是无法忍耐的。目标必须日日更新，与前途紧密地联系在一起。只有以此为出发点，你才能够面对艰苦的环境。比如说：令人伤脑筋的课题，考试中的失败，论文不公正的评价，无聊的教授和艰涩难学的必修课程等。"

"可是我很难确定我短期的人生目标是什么，尤其是当选'美国小姐'后。"伊丽莎白抱怨道。

洛克菲勒陷入了沉思中，过了好一会儿，他说："贝茜，我当年也有和你一样的困惑。在我年轻时，学习条件差。尤其是目标很不明确。有时我会陷入一种幻觉，头天晚上失眠一整夜，到天亮时睡两个小时，第二天一早，我与太阳一道醒来，却感到年轻力壮，精力充沛。正如惠特曼的诗所说，我'健康、自由，世界展现在眼前'……

"有一阵子，我实在闲得无聊，就到处瞎逛。我漫无目的地乘大巴来到犹他州，在一个农场附近下了车。天黑的时候，我敲响了农场主人家的门，主人热情地招待了我。第二天,我感谢了主人的盛情款待,再次踏上了回纽约州的旅程。我沿路徒步走着,期待着一辆可搭乘的车出现。终于一个农民让我上了他的车,我感到一辈子从未有过的自足和得意。我与这个世界如此之和谐!

"我们疾驰着,那个农民打断了我的思索。'你想去哪儿?'他问。

"我快速用我在那前一晚才听到的惠特曼的诗来回答,直到现在,这首诗仍然在我脑海里萦绕。'我将去我喜欢去的地方,这漫长的道路将带领我去我向往的地方……'我背着这句《通达大路之歌》里的诗。

"那个农民看着我,面带惊讶甚至愠怒。

"'你想对我说,'他谴责地说,'你甚至没有一个目的地?'

"'当然我有目的地,'我说,'只是它在不断地变——几乎每天都在变。'突然,那个农民把车停在路边,命令我下去。'游手好闲之徒,'他说,'你应当找一份正当的职业。落下脚,挣钱过日子。'

"说着他把车开走了,留下我独自一人站在土路上。这条路的两端都长得看不到头。我试着想寻回两分钟前还感到的得意扬扬之感,却只有席卷着我全身的失落感。

"生活充满了两极对比。前一晚,我刚听到诗人惠特曼鼓励我们继续在这通达的大路上走下去,仅第二天,我却为这遭到陌生的红脸农民的训斥。尽管如此,我还是做好准备接受生活中的所有沉浮升降。我终于回到了哈德逊河畔的杨佳镇。我呆了两周,走亲访友,重新熟悉了这老环境。我去看了哈得维,他又一次保证归还他仍然欠我的工钱。有些事永远不变。

"像一个循环,我回到了生我养我的地方。但是我心里明白,杨佳镇不再是适合我生活的地方。我回家也是为了证实这一点。我更为坚定地确信,我的美梦和希望远远超越了这个小镇的界限。

"再一次,我离开了杨佳镇。而那里的人和尘土飞扬的平原却永远铭刻在我的记忆中。我认识到了发展和变化对健康成功的生活固然重要,但是回顾自己走过的脚印会帮你确认是否选择了正确的道路。"

"可是,爸爸,我有目标,那就是进入一所好大学。"小约翰说道。

洛克菲勒马上说:"那么,我想问你进入大学到底是为了什么?还有最近你沉迷于声色犬马中,你确定你的目标又有什么意义呢?

"一旦确定了目标,就应尽一切可能,努力培养达成目标的充分自信。大多数人根本不清楚律师的一天是怎么过的,在根本不去考虑跟法律有决定因素的诸多层面时,就贸然扬言'我要当律师'。其实,首先应该跟这一职业有关联的人进行交谈,不过,必须选择那些人生观不偏不倚的人。对沉迷于自己所选择的职业,将法律视为今生今世唯一话题的人,与这种人交往是有害无益的。另一方面,跟讨厌自己所选择的职业的人交谈也没有什么积极作用。优秀的忠告者会对你所必须学的课程提出建议,尤为重要的是他会教导你,当你达到了目标,自己开了一家法律事务所时,什么事情是最为重要的。

"如果忽视了这种准备,就不仅只是浪费了宝贵的时间,而且也没有珍惜最初的时间与劳动。如果不认真地进行选择,本来可以获得更好的职业却自欺欺人地投入某一无聊乏味的职业,将给你的一生留下不可抹除的阴影。

"我上中学时,就很注意社会实践了。我每年暑假期间都在当地的码头运输公司实习,那真是非常有益的经验。我希望你认真听一下我在当时工作中的一段小插曲。有一年夏天,我到工厂里干最需要吃苦耐劳、流汗最多的脏活,这是一种一天工作8小时、一周工作6天的倒班制的工作。其结果使我透彻地理解了两件事情:

"第一就是有的人终其一生都必须从事这种工作;第二就是这些人将一生中时间的可观部分都耗费在条件艰苦的工作环境之下,我下决心誓不与这种人为盟。总之,你切不可小看离开书本的时间,要预先制定计划,在自己所选择的职业范围内增加实际工作经验。在你们这一年龄层次中,几乎所有的体会都会是崭新的经验,因此,学习还是趁早不赶晚为好。

03
人生大都是迂回曲折前进的

"卡莱丝,约翰呢?"洛克菲勒问墨西哥女仆。

"先生,约翰把自己闷在房里好几天了,太太都急坏了。"

"哦,是吗?"洛克菲勒来到小约翰的房间,轻轻敲了敲门,"约翰,开一下门好吧?有什么事爸爸会帮你的。"

敲了好一会儿,小约翰才把门打开,垂头丧气地说:"您回来了,爸爸。我的事,您都知道了?"

洛克菲勒慈爱地笑着说:"还没到世界末日呢,儿子,我们到里面谈好吗?"小约翰点点头。

"老实说,大家说这几天你不太好接近。你把自己称为脑袋迟钝的地地道道的失败者。听到你感叹,人生已像陶瓷一样摔得粉碎,我很着急。陶瓷碎了就不能再使用了,因为碎片不能复原。可是,你有意义的人生只不过刚刚开始。"洛克菲勒顿了顿,接着说道:"考不上一直想进的大学,的确是一种很大的打击。也许你很难接受这个事实,毕竟这是你头一次经历的极大的失望。在这一方面,你要坚强,必须要习惯于失望,因为失望和喜悦都是人生的一部分。但更重要的是今后,如果每当你的期望落空的时候,你不把它看作是暂时的后退,或必须克服的一种考验,而仍然像现在一样,把它看做是毫无理由的失败的话,你就会承受不起这种失望。这一点希望你铭记在心上。

"莎士比亚在《皆大欢喜》中写道:'期待是常常落空的,它一般是最确切的一面。'你长期过着顺利的学校生活,因此,认为自然而然地就可以进入你所梦想的大学,而且不知不觉地以为那是必然的事情。在这里应该吸取教训：在越过人生重要的转折点时，对任何事情都不能认为理所当然，要准备好第一、第二乃至第三阶段的溃败的时候，能够取而代之的计划。这次你没有被哈佛录取，但幸亏你有报考其他同等水平的学校的准备。关于防止这种心态及以防万一的思想准备的重要性，事先没有跟你谈，这是我的疏忽，深感歉意。"洛克菲勒在儿子的房间里边走边说。

"爸爸，这不怪您！是我对不起您和妈妈，还有姐姐！"小约翰终于说话了。

"儿子，不要自责，现在你应该做的是，不管怎样都应该鼓起勇气继续前进。人生避免不了挫折。你会随着不断的成长越来越多地经受这种考验，这就是现实人生。但是，在这个拐弯处你实际上如何对待，如何应付，那就看你的本事了。听我的忠告，正如以上所说的，也可以作为一种'挑战'来接受。或者学习别人，把此次失败当作问题、不幸、危机或灾难，不管是什么，都不想去再次尝试更正确的道路，而把它当作承认自己'败北'的借口。弗兰克·沃德·奥马雷说过：'人生是接连不断的不幸。'这是败北者的言辞。

"还是考虑一下你的现状吧。你以优异的成绩高中毕业，在校内外都显示了勇气和忍耐力。你身体健康，长相英俊，家庭安泰，一贯受到父母的宠爱，经济方面没有困难，多么齐全，多么幸福。"

"可是，考不上哈佛，这是我感到最遗憾的。"小约翰说道。

"但是，美国还有好几所设有你想学专业的大学啊。摆脱'我是失败者'这种综合病症，以'我是乐观者'的姿态，立刻与其他大学联系，你看怎么样？你在高中的时候成绩是优秀的。因此，下决心向其他大学递上志愿书，这种努力一定能得到回报的。

"你想学经营管理，别的大学和你第一志愿的大学用的是完全一样的教科书，当然，教学阵容不同。但对你将来影响最大的不是学生时代偶然碰上的一个教授，而是你本人。一定不要丧失自己人生的主动权。这段时间你表现出来的状态等于对大家说，你自己的人生已经彻底失败了。实际上根本不是这样，人生中总会遇到各种挫折，也许我们会屡次被挫败，但可以因此将人生的道路转换到新的更理想的方向去。

"有许多年轻人现在碰到和你完全一样的障碍，放弃了自己所希望的人生追求。他们泄气地说，命运太残酷了。从而渐渐变得胆小，这是很遗憾的。重要的不是去造就我们人生的客观变故，而是知道该如何去应付这些变故，构筑各自的人生，不能被命运阻挡道路。处于困境的时候，你要与命运挑战，拒绝失败。当然，死心是很容易的，许多人在日常生活中已证实了这一点。可是，这些人大概都不是像你所希望的如同参天大树威风凛凛地昂首阔步的人。拒绝失败的人如果被一个地方拒之门外，他们会继续敲下一扇门，一次接着一次，直到有接纳他们的地方。在年轻的时候就学会这一点的人，必定在不久的将来会获得极大的成功。约翰，外面阳光很好，我们到花园里去走走好吗？"

看到小约翰点头表示同意，洛克菲勒感到如释重负，因为小约翰终于肯走出房间，到花园里去了。卡莱丝正在那儿摘玫瑰花，远远地对他们打招呼："先生，约翰，你们好啊！"

小约翰终于笑了，洛克菲勒对小约翰说："你看，卡莱丝从来都是那么高兴。儿子，我们不可能都成为国王或女皇，我们真的当不了的，仅此而已。但如果有积极应付人生'波折'的思想准备，其他希望几乎都在你双手够得着的范围内。'我要胜利，我要胜利，我要胜利！'要这样反复地对自己说。不久，你的思想会自动地指挥下一次应该采取的行动。拿出必要的决策。

"可以问一问成功的人，怎样才能建立那种'地位'？他们会告诉你关于忍耐力、挑战和常常为了达到目标所必须采取的迂回路线。你虽然未能进入你理想的大学，但是，也许正由于这种迂回而招来意想不到的好结果，对于所有的挫折都能这样说。为此，只要从你心里去掉'失败'，今后不要在你心里存在'失败'就行了。

"去找一找迂回的路吧。虽然没有路标，但在绊倒你的石头或树桩附近一定可以找到。"

04
远离毒品和酒精

伊丽莎白很懊悔地说:"我只不过想做舞会的大红人,却没料到反而伤害了自己,失去了以前那种完美的信誉。"

"人常常因为一瞬间的愚蠢,招来意想不到的后果,因此导致好几天、好几个星期,有时甚至好几个月都因为羞愧、自责而感到苦恼。"洛克菲勒语重心长地说。

"可是,爸爸,您不知道,昨晚姐姐真的是光彩照人啊!"小约翰替姐姐辩解。

洛克菲勒摇了摇头:"我向来尊重你们两人的意愿,我也不希望过多地干涉你们的私生活,可如今的事实是,你们在这个舞会上破坏了自己的形象,我感到很遗憾。我希望你们今后要好好地保持自尊,同时希望认识你们的人继续对你们怀有敬意。大概这是人世间最宝贵的财富吧。

"受人尊敬,就意味着你的道德财富受到高度评价。不用说,像小偷、妓女、酒精中毒患者、吸毒者,不管怎么样,因为想要钱或者好玩,就虐待自己和他人。对于堕落者人们是很难尊敬起来的。然而,这种极端的例子暂且不说。为了既能度过富有朝气的青春又能保持正常的生活方式,从而继续受到他人的尊敬,这就需要非常地谨慎。希望交朋友,被别人接受,受到别人喜欢,这是人之常情。但是,青年时期不如中年时期有个性,大概是还没完全成熟的缘故吧,缺少魅力,或者由于缺少某种体育或艺术方面的才能,不被'伙伴'接受,这种可怜的人也有不少。总之,这样的人似乎缺乏对人的吸引力或让别人想和他交朋友的气质。受排挤的人很容易犯这一方面的错误,这样的人由于过分追求友谊,并一个劲儿地想加入'伙伴'的行列，常常为了讨好别人而做出某种过火的事情，而不是按照自己良好的直觉去交朋友。

"他们酗酒、吸毒、偷窃（即使目的不是为了钱，而是为了'冒险'），或为了显示自己懂人情世故，或炫耀自己体魄强壮而进行性虐待或对他们施暴力。这样，一定会在某一天清晨醒来的时候对自己发出疑问，难道自己就没有自尊心吗？什么时候失去自尊心了呢？我并不觉得现代年轻人所处的环境充满着从未有过的危险，但是，毫无疑问，青春期自古以来一向都是一生中最曲折多变的挑战时期。值得庆幸的是，当他们长大了——负起大人的责任时，这个时期的危险就像魔术般地消失了。在发生这种自然变化之前，遵照著名的哲学家罗马皇帝马可·奥勒留给我们的告诫是明智的。他说：'你不要以为让你违约或失去自尊心对你有好处。'

"为了避免可耻的行为，另一种好的预防办法就是要充分考虑你的行为可能会给家庭内部带来的痛苦、狼狈和不体面，以及造成司法事件的时候。家里蒙受金钱上的损失姑且不说，当家里人不能尊敬你的时候，双方——你、家人——都一定觉得非常痛苦。所有的结果都来自于行动。在行动之前，先多少考虑一下。这是保持自尊心的秘诀。

"说得严重一些，性欲也是孕育着危险的一个方面。性欲方面和别的生活方面一样，最重要的是我们的行动带来的结果和我们本身的心情，是行动以后会觉得很好，还是会感到后悔？要爱惜自己，必须爱惜身体。

"毒品甚至比酒精更狡猾，因为开始时它好像给予你很多，谁能否认它们带给人的刺激、奇妙和自控的感觉，或是其他超出一般生活的体验呢——如充满刺激的可卡因、致幻剂、神秘的仙人球毒碱和盐酸脱氧麻黄碱。

"我年轻时有许多吸毒的朋友。那时他们总是说毒品使他们的生活从黑白变成彩色，它们让自己重新认识了这个世界，能够远离自我，正视生活的真谛，然后重新设定生活的道路。他们相信自己是在初次吃饭，初次做爱，感觉着微风的吹拂，一切都新鲜而且乐趣无穷。他们甚至怂恿我尝试。

"幸福有时很简单，鸟儿将头伏在翅膀下沉沉睡去；涛涛海水东流而过；站在风声呼啸的山头听到永恒的寂静之声——这些感受就足够了。毒品和酒精并不能带给你更多，它们只是使你们更远离生活，接近不真实的幻想。它们可能会带给你片刻的喜悦，可这种感觉不会生根，它很快会从你的生活中消失。毒品和酒精根本无法扩展你的胸怀和气概。你们要知道，比我们更出色的人也曾因不能摆脱这两个梦魇而被毁灭。"

05
要想获得成功应做好准备

周末的产业界人士晚餐会照例举行。洛克菲勒带着女儿伊丽莎白和儿子小约翰前往赴宴。在这种场合,洛克菲勒通常很低调,但是伊丽莎白却像金丝雀一样在人群中窜来跑去。儿子小约翰是第一次参加,表现得有点拘谨。

洛克菲勒悄悄地走到小约翰的身旁,俯身对他轻声说:"约翰,我们到外面的阳台透透风,好吗?"小约翰欣然同意。

父子俩来到阳台上,洛克菲勒问道:"儿子,初次参加这种酒会,感觉如何啊?"

"嗯,真有点不适应呢。"小约翰坦然承认。

洛克菲勒望着曼哈顿的夜色,静静地对小约翰说:"你有进入产业界的宏愿,我拍手欢迎。这是一个对年轻人来说色彩斑斓的大千世界。坐高级轿车、进行环球旅游、在豪华的餐厅里进餐……你对金钱的热情之高涨,已渐渐浮出水面。诚然,假如你因此而发现了适合自己的活动领域,是会生活得很幸福的。问题就出在这个'假如'身上!产业界是极其复杂、范围宽广的。这是一个随时有人破产倒闭、随时有人因过度的压力而一蹶不振的世界。有鉴于此,最好从现在开始,马上制订今后10年间周密的训练计划,以避开每天都在等待着你的许多陷阱,尽量多加小心。

"事业就像一只容易破碎的花瓶,在完整无缺时美丽无瑕,而一旦损坏便覆水难收,一去不再。为此山姆·巴德拉留下了这样的名言:'在起跳之前瞧瞧前面,播下的种子该收割了。'"

"爸爸,您这些话真是说到我心里去了,我想凡事应未雨绸缪。如果我要为将来进入商业界考虑的话，那该怎么准备呢？"小约翰若有所思地问。

"你在现阶段进入我们的公司，至少还需要5年至10年的学习。要成为熟练的经营人员，就必须勤学不倦。不过，为考试而一味埋头苦学是不可取的，是不值得表扬的。每月的得失统计表只会反映在现实生活中你是及格还是落伍。你想熟练掌握我们的经营方法，至少要花去5年时间，熟悉顾客、工作场地、从业人员、经营阵容、外部力量的调整、内部力量的整合。到了这一阶段，你就可以享受高级轿车、轻松的旅行和豪华的餐厅了。"洛克菲勒回答道。

"可是，我现在学习已经非常努力了。您知道斯坦福大学的经营和企业管理课程是一流的。"小约翰应和着。

洛克菲勒摇摇头，晃了晃杯中的香槟，说："错了，儿子，你把学习理解得太片面了，在正规学校教育的范围内，抱着一颗求知的好奇心去对待学业是必要的。越有求知的欲望，学习就越会成为一件乐事。在你的同学中，恐怕有不少人只顾着对教师或教育制度等表示不满，而把关键的学习置之脑后。要知道，教育制度自从我学生时代起已经30余年也没有太大改变，大部分的施教者不会变更！因此，与其对教育制度发牢骚，倒不如还是钻制度的空子吧。

"学习的课程不应只限于商业经营的专门课程，知识面略广的人至少在社会中是很珍贵的。能拓宽你的视野、培养明察世间一切的智慧之门，并使你很快成为优秀的经营人员的课程，数不胜数。政治学、历史、地理、天文学等都是其中很小的一部分。

"英国著名作家约翰·德雷登说过，世上所有的一切都有它的价值。我完全赞同他的观点，为此我奉劝你，每年开始一门新的学问的研究，这样你的视野会更加广阔，你的人生观会变得更新，至少会跟以前有所不同。当你最终进入某一领域的产业，或者当你在商界矿区内的曲折崎岖的小道上前进时，以前所学的一丁点儿知识将会显出的重要性是你难以想象的。"

"您讲话总是令我茅塞顿开，那么我怎样在大学里学习呢？"小约翰也学着父亲的样子，晃了晃手中的香槟酒，边晃边说，"斯坦福大学的师资力量还是相当不错的，我想这对我掌握必要的理论和知识将大有裨益。"小约翰充满自信地说道。

"确实是这样。"洛克菲勒附和着,"在大学里,还可以掌握与领会弗朗西斯·培根的成功秘诀。他的理念是:读书使人富有;交谈使人机敏;写作使人沉静。这些能力的组合对瞄准冠军的人来说,是绝对不可缺少的3件法宝。经常读书以培养写作能力,跟很多人推心置腹地交谈,这样当你满足地离开大学时,你就完全做好了进入社会的准备,我自己也是按照这一方式打好基础的。顺便再添一句,我从不认为以前所学的一切不再有任何作用;人总是在边学习边成长的。"

06 勤奋没有替代品

关于这个问题，洛克菲勒也曾想提两三点意见，但几乎没有机会。

晚饭后，他把孩子们都叫到了书房里。书房里很安静，洛克菲勒冷静而仔细地斟酌了每个孩子的观点后说道："当然，成功与很多因素有关，如教育是否完善，态度是否积极，人品是很有魅力还是'一般'，是否有信心，是勇敢者还是胆小鬼等等，这些你们几乎都提到了。但在我的印象中，你们争得那么激烈，实际上两个人都或多或少忽略了'勤奋'这一因素。虽然你们都承认它是成功的一种因素，但我总怀疑你们是否认真考虑过这个要素，如果我站在你们的立场上，我会为这个要素举出几个更大的理由。

"大概像你们刚才所说的那样，在企业界，有很多人由于缺乏理想的素质修养，即使一辈子拼命地干，也没有获得多大成功。但是，缺少几种或多种这样的成功'设备'，却能活跃在企业界最前线的人也是有的。然而，我可以很有把握地说，在建立人生的初期阶段没有付出充分努力的人，从来都没有成功的。"

女佣卡莱丝端来了咖啡，洛克菲勒喝了一口，转向大女儿伊丽莎白说："你大概还记得吧？你大学一年级的成绩是很惨的。为什么？那是因为你只顾着过新的解放型的生活，舞会、与男性交往等学习以外的事情太多了。那时你一定过得很开心，本来嘛，这也是人之常情。但是你还是幸运的，后来你没有白白浪费一年的时间，从第二年开始，当你想到要珍惜未来的时候，学习赶上了，取得了能够证明你已经努力了的成绩。

"在企业界里，自己对各种工作到底有多少兴趣，很有必要慎重地去测一测其程度，像大学时代一样，对工作不感兴趣的话，是不会情愿去努力的。那样，你的成长就会处于停滞状态。对工作很感兴趣的人，每周规定工作40小时，至少也要比规定的时间多工作50%吧，即使这样，他们还远不如那些心怀不满或对工作感到厌倦而去消磨所规定的40小时的人感到疲倦。实际上，有很多人每周孜孜不倦工作70个小时，或更长时间。做自己喜欢的工作的人甚至开玩笑说，太轻松了，领工资也感到内疚啊。这是因为他们觉得工作起来很有意思，所以埋头苦干。

"也有很多人觉得干什么事情都比工作有意思——看电视、买东西、聚在酒吧、或者待着也好。不难想象这类人能做多少工作。然而，许多人拥有比在工作岗位上的成功更重要的人生目标——我不打算以此提出异议。既然你强烈地希望成功，那你必须记住，在今后好几年的时间里，比起玩来，对工作更要感兴趣。不能在必要时拼死拼活地干的人，是不会获得成功的。

"人有时间，况且时间是谁都有的，但必须还要有兴趣、意志、不屈的精神。一位伟人说过一句话：'勤奋是没有什么东西可以代替的。'实在是言简意赅，意味深长啊。

"正如你们所知道的，国家最大的资源是国民。一个繁荣的国家，职业道德的标准是很高的，人人都有尽力干的坚定信念和实际行动。这对于保持国力不可或缺，对于保持企业气势不可或缺。你为了成功，这一点也是绝不可缺少的。需要尽最大的能力去努力实现这样的意志、欲望和决心。

"勤奋的回报中包括有精神方面的喜悦。如达到目的时的喜悦，受人尊敬的——更重要的是——尝到增强自尊心的愉快感时的喜悦，因为在这个世界上开辟了自己的道路而感到自豪的喜悦。

"当然，勤奋会给我们带来金钱、荣誉、健康。虽然具备提高自己的能力，但不想去努力的懒汉，绝对不值得人尊敬。或者对于天生就有一种为社会做贡献的能力，但只向社会索取的人，我也不能尊敬。那样的人，可以说是社会中的违禁猎手——最令人痛心的是他们并不知道，这对自己本身是一种最过分的欺诈。依我看，尽量少工作而混日子的人，得到的只是一种空虚，其结果没有任何好处。从个人的成长来说，从职业上的好处来说，完全是无益的。为增加空虚而降生的人本来就不该有。

"你们的祖母当年每周工作80小时,她想的完全和古罗马诗人贺拉斯所说的一样:'如果不努力,人就不可能从人生中获得任何东西。'我希望你们俩今后都要承认你祖母和贺拉斯的话,那是从经验中得到的事实。希望你们在各自所提出的条件中,把勤奋置于首位或仅次于首位。"

07 读书是磨炼经营手腕的捷径

小约翰最近读了不少书，想借此拓宽自己的视野，为将来磨炼经营手腕做准备。洛克菲勒觉得这是一个好现象，他想以自己的亲身体验对儿子做正确的指导。

一天，当小约翰又在书房里埋头苦读的时候，他走了进去。"打扰你一下好吗，约翰？"小约翰抬起头，"当然可以啦，爸爸。"

洛克菲勒在对面坐了下来，"约翰，你在学习操纵飞艇时，不知是在什么时候，曾有如下的表现，对此你恐怕还记忆犹新吧！'要从别人的错误中去学习。自己可没有时间去经历所有的失误。'在某种意义上，就书本而言也是如此。如果你能依此学习他人的经验，发挥其有利的一面，在处理各种各样的事态上，最好阅读一下先行者们留下来的宝典奇文。这样每月读一本书，就向正确的人生方向迈进了一步。"

"是啊，爸爸，您不是常给我讲读书对于成功的意义吗？"

洛克菲勒翻开一本书，陷入了回忆中："记得我商科刚毕业时，我认为是自己再走一条新路的时候了，我希望去生活、学习、成长。我打点好行囊，带着惠特曼的诗、托马斯·沃尔夫的小说《你再不能返家》以及爱默生的书《论自立》，踏上了西行的未知之路。

"我在人生的这一阶段不仅仅依靠阅读，类似这样的经历在我一生中出现过10余回，但我并不因此而有优越感。正因为如此才觉得应该有效地使用上苍所给予的时间。于是在某种意义上，生活在一个小小的封闭的社会之中，无论自己有所期望还是没有希望，对外面的世界缺少实际考察的机会，或者缺少通过阅读进行知识性了解的机会的人，我为他们感到可怜，人生到底能了解多少呢？而在无知中就死去的人何其多啊！

"读书的量即使很多，但是大部分的人只会阅读小说，他们认为这样可以使人生得到宽慰；也有不少人感觉到阅读非虚构性作品是他们的工作，很奇怪我在阅读非虚构性的作品时，从未感觉到它除了轻松还有什么效果。而且，在这个世上必须学习的东西实在太丰富了，比小说更加让人感兴趣的事实在是多得无穷。想起这一点，你就会自然觉得阅读谁谁谁的白日梦何等浪费时间。"

洛克菲勒很深刻地回忆着："不过，我进入商界以后，切实感受到了读书的重要性。"

"我最不喜欢看那些旧得发霉的书。"小约翰抱怨。

洛克菲勒摇摇头，很不同意小约翰的观点："知识是外在的，是我们对所见事物的认识；智慧则是内涵的，是我们对无形事物的了解；只有二者兼备，你才能成为一个全面发展的人。

"接受教育是我们生活中最大的快乐和慰藉。它是我们了解这个世界的基础，也是我们跨越时空、了解并探索人类思想感情的一条通道。

"但是教育并不只是指学校教育。它是一种心态，一种带着无限的好奇心和求知欲观察这个世界的意愿。

"要成为一个真正受过教育的人，你必须采取这种态度。你必须敞开心扉，去体会丰富多彩的日常生活——面对天地的运动、鸟儿的歌声，抒发自己的感情；跨越时空俯视他人的成败；欣赏能工巧匠、天真孩童的艺术创造。我们要学习的东西太多了，每天我们都有上千次的机会充实自己的心灵。"

听到这里，小约翰感慨地说："看来我以前的观点太片面了！"

洛克菲勒盯着儿子的脸说："有关事业经营，其想法及决定的大部分，总是重复不断，大多已记述在各类书籍之中。如果你花一定的时间与耐力进行阅读的话，跟从不读书的同辈人比起来就会站在相当有利的起点上。"

"既然这样，爸爸，您能给我介绍一些书吗？"小约翰问。

"我会叫卡莱丝在你的房间里做一个书架，在书架上摆上你进入商界时乃至能使你的个人生活方面均受益无穷的书，这里有10本书值得一看。

1.《巴特雷特常用警句集》（约翰·巴特雷特）
2.《昂首阔步广告业》（克劳德·霍普金斯）
3.《成功的资本》（诺曼·文森特·皮尔）
4.《医生与心理》（维克多·E. 弗兰科医学博士）
5.《创造人生奇迹》（诺曼·文森特·皮尔）
6.《思考的力量》（拿破仑·希尔）
7.《信心成就未来》（克劳德·布里斯托尔）
8.《大英百科全书》（哪一卷都行）
9.《成为人生的赢家》（大卫·史华兹）
10.《箴言书》（巴尔塔沙·葛拉西安）

"最后我还要向你赠送一句圣托马斯·阿奎那1250年时的赠言：'小心那些只读过一本书的人。'"

08
让所有参与者都受益

洁白的海鸥与浪花欢乐地嬉戏，小约翰心潮澎湃。洛克菲勒伴着儿子漫步在沙滩上。

"约翰，我们必须面对现实，没能与日本的公司达成新的协议没什么大不了的。有时虽然感到欲求没有得到满足，但这毕竟是你的一次社会实践，因此你无须对此负任何责任。况且你已经尽了力，这就足以使我感到自豪了。"洛克菲勒说道。

"但是，"小约翰还是有点不甘心，"我还是觉得不好受，毕竟这是我初次参加商业谈判。"

"没有关系，约翰，在漫长的商旅生涯中，我一直在想，有效地利用仲裁理论，对于我们的事业来说是多么重要。实际上我们已经常在实践它了，但很少好好地静下来，对它做出真正的评价。"

小约翰望着远处海天一色的地平线，问父亲："那么，谈判方面到底有什么重要的技巧呢？"

洛克菲勒弯下腰，拾起一只贝壳，放在手里摆弄着说："在业务的这个重要方面，有的人很熟练，有的人却并不那么熟练，这是为什么？按照我的看法，可以归纳成一个简单的公式，即：$F-E=S$（灵活性－感情＝成功）。

"在商场交涉中缺乏灵活性的人，只是一味地想把商品专卖权弄到手。在社会中，人们厌恶与这种人费口舌，如果有别的出路，是不会理睬他的。所谓灵活性，无非就是理解交涉对方的欲望强度，为了得到满意的效果，尽力顺从对方意向的一种能力。这好比是暴风雨中的树木，即使弯了，也很少会断。在暴风雨的翌日会比以前更高大、更挺拔。

"这个公式的第二项是感情。不管是自己本身的感情，还是对方的感情，往往比灵活性还要难以控制得多。如果每逢因感情用事而失去契约时都能得到10分钱硬币的话，你可能会成为百万富翁吧。人在无聊的问题上固执己见的情况也不少　　这多半是为了证明自己不会任人摆布。如果需要证明这一点，去看看负责办理民事诉讼的法院和律师们忙碌的情景就行了。法庭积压了好几个月要审理的案件，有大批大批靠协商不能解决纠纷的人等着法庭办案。这是由于某一方控制不住激动的感情，或者不能客观地评价对方的立场而缺乏灵活性。这样，他们为了确保'公正的法官站在冷静的中立立场判决'，常常不得不负担巨额的费用。

"为了实践巧妙的交涉技术，必须遵守三个基本原则。首先是要进行实际调查。要收集有关对方立场的所有能够到手的情报，与自己的资料进行比较。许多交涉由于缺乏事实根据，一开始就告失败。借用英国首相本杰明·狄斯累利的话来说：'无知是解决不了疑问的。'要完成这项作业，它将最后决定你的胜负。其次是要认真调查你所收集的情报，评价它们的重要性，以1—10记上分数。用两种方法记分，先以你自己的评价记分，然后站在对方的立场上对各种真实情况做出评价。要充分理解对方的论据，进行充分的研究，将真实情况按照它们各自的重要性，依次排列起来，然后就可以显示在图表上，比如缴纳期占2分或8分，价格也可以按照竞争、产品质量程度以及其他因素在表上大范围地变动。最后是要把白纸折成两半，一半填上这个图表中可能更改分数的项目，另一半填上绝对不能变动分数的项目，制成一览表。尽量确保变动分数的项目要尽可能地少一些。这个项目太多，会把自己逼到窘境。"

"这些我都懂啊！最令我苦恼的是我找不到失败的原因。"小约翰困惑地说。

"全部满足要求的条件，这种情况即使有，也是很少的。因此，交战的那一天，需要穿上随机应变的'战斗服'。特别是陷入严峻的拉锯战时，就要想想17世纪法国作家弗朗索瓦·德·拉·罗舒夫戈说过的话——'只有一方有过错时，争论不会持续很久'。

"约翰，你要谨记：当你做一项交易、谈一笔买卖或建立生意伙伴关系时，切记要让所有参与者都能受益。我希望你牢记在心的另一点，就是根据需要，不管你愿意不愿意，都必须接受不公平的条件，有时被逼得走投无路，仅仅为了结束某个问题，接受对方的无理要求的情况也是有的。这个时候你当然认为是亏了，实际上也是亏了。但是，根据我的经验，对方在下次交易中知道自己没有道理，不会不努力赔偿上次的无理要求的。奇怪的是，不管多么蛮横的对手，如果是一个优秀的企业家，一般都是有良心的。"

09 成功者必备的条件是敢出风头

小约翰利用暑期时间去利弗兄弟公司做推销员,利弗兄弟公司很看重他,委他以重任,要他代表公司去参加一个麦克森和罗宾斯公司的销售经理会议。麦克森和罗宾斯公司可以很轻易地成全某个产品或毁掉某个产品。约翰的使命是说服那些40来岁、精明而务实的商人们利用他们的客户关系推销派普苏丹特这种牙膏,它的销售在当时正处于关键时刻。洛克菲勒也很重视儿子的这次会议,他为儿子提了许多有益的建议。在一个休息的日子里,父子俩一身休闲装,相约来到湖边钓鱼。

手拿钓鱼竿的小约翰有些心不在焉。

"我们公司近来牙膏的销售量不很理想,因此公司希望我能草拟一份产品介绍书,让它能抓住批发商的注意力,使他们对派普苏丹特产生兴趣和热情,事情刻不容缓。我们开会的那天,批发商们将同时会晤35个同业公司的销售代表。"

看着儿子一筹莫展的样子,洛克菲洛勒说道:"约翰,不要担心。我想我接下来要讲的故事你一定会感兴趣。我给雪佛公司做药品促销时,也曾被如何引起推销对象的注意这个问题困扰,我冥思苦想几天,毫无结果。直到我路过一家奥兰多动物商店时,我才明白我要寻找什么,我决定给我的推销对象来个出其不意。我走进这家商店,买了一只猴子。

"在那个星期六上午9点,我递上我的产品介绍书,接待员热情地欢迎我,把我引到一个办公室。在那儿,我与其他公司的促销员一起等待着召见,他们谁也想不到怎么会有一只猴子与我同行。为了不引人注目,我用一个红绒布把它的笼子给遮了起来。它很快就睡着了,没有任何迹象可以表明它的存在。

"有14个推销员在我前面被叫进去,对他们各自的产品进行了宣传和游说。等轮到我时,我打开笼子,取出睡眼惺忪的猴子,把它放在我的肩上。我没有理会我的同行们惊异的目光,直接大踏步地走进了办公室。我若无其事,装作和往常一样,把样品盒放在桌上。然后我打开盒子,郑重其事地宣布:'先生们,我来这儿是为了雪佛。在我肩上还有个猴子,现在我得让它下来了。'紧接着,我把猴子扔到了会议桌上。这下它可来劲儿了,乱蹦乱跳,窜来窜去,把整个桌子搞得一塌糊涂。杯子撞翻了,文件纸也撕坏了。办公室里的人不再仪表堂堂了,他们全都坐不住了。

"猴子毫不在意由它所引起的这场骚乱,它把整个屋子变成了它自己的游戏场所。大约5分钟后,我不得不登上一张椅子,把它从软百叶窗的顶上给揪下来。好了,猴子被捉住了,这表明秩序重新恢复了。我把猴子拴好后,才把头转向这些惊魂未定的经理们。我说:'谢谢你们给我的时间。先生们,下面推出雪佛。'我对刚才发生的一切只字未提。在他们有机会叫个警察或是心理医生之前,我早已溜之大吉了。"

正在这时,小约翰感觉有鱼上钩了,不过,他被父亲的故事深深地吸引住了,直到鱼脱钩了才回过神来,他大叫一声:"鱼跑了!爸爸,都怪你!"

洛克菲勒大笑起来,他说:"尽管那次推销成功了,但我并不准备向你推荐这个方法。在你呈交你的产品介绍书之前,你无须去逛街买猴子。正像我不愿让我的目的被这个小花招混淆一样,我也不想使我一贯信奉和提倡的观点被这个小小的例子淹没。我所希望引起大家注意的是,我在那天发现了一个真理:从事任何产品的宣传、推销,企业家都必得不惧怕出风头、出人头地。

"在一个企业家的生涯中,不管他的资历多深,他都将会被要求去做说服别人的工作,劝说他们接受某个产品或是某项计划。因此你必须能写出言简意赅、能打动人、富有说服力的备忘录和报告。你多多少少还得成为一个公共发言人,得把一切有利的信息留给广大的听众。

"现在你要做的一切事情只是潜心琢磨一下,看看如何才能使你的建议栩栩如生地活在你的销售对象的记忆之中。每种情况都有其独特的战略战术，一切以时间、地点为转移。如果你能遵循正确的步骤，那么无论你处在哪种情况下，你都会游刃有余而不至于出洋相。"

听了父亲的一番教诲，小约翰觉得收获很大，这时鱼竿又动了一下，这次鱼真地上钩了！他手疾眼快地收了竿，一条大鳟鱼随着鱼竿浮出水面。

10
成功人士都是从做小人物开始的

小约翰在商业实践中一直做推销员，这是一个吃力不讨好的角色，从中他体验到了做"Smallpotato"（小人物）的苦恼，渐渐地他产生了放弃的念头。

一连几天，小约翰都躲在房间里听音乐或者外出泡酒吧，而没有出去工作。洛克菲勒很着急，见到儿子这样，他决定把自己的日记拿给儿子看。这是一本皮子很旧，经过裱糊的日记，其中有一部记载了洛克菲勒当年做不知名的小人物时的历程。吃过晚饭，小约翰躲在床上，翻开了日记——

×年×月×日　　　　　星期一　　　　　晴

一个人告诉我，10点钟这家公司将有一次求职面试。

尽管时间尚早，我还是决定去碰碰运气。10点钟一过，排队的人群开始稳步地向前移动。不久，轮到我面试了。

"你想找个什么样的工作？"一位人事官员问道。

"我要你们所有的工作中薪水最低的工作。我急需要一份工作。"我说。

"来吧，我们雇用你了。"

我十分高兴，这是我生活中的低潮阶段。我无业、无家，可以说在这个世界上孤孤零零。我需要一个起点，甚至是最底层的一个起点。

×年×月×日　　　　　星期二　　　　　阴

今天一早，我去上班，被安排在组装线上。我的工作是将带着铜铆钉的带子缠绕在铁环上。那时公司正在为陆军制造机车手提灯。我的薪水是每小时20美分。

我发现手工劳动有趣而令人满意。人们一生几乎都要有用手劳动的过程,这一工作对我并不难。然而,头一天在组装线上,钉铆钉时锤子就把我的手重重地砸青了。我很担心这一事故对工作造成不便,我得到了老板许可后,在下班后继续留下来,研究出一个能用受伤手指工作的办法。

我在车间里寻找,终于找到了我需要的工具和材料。我制造了一个木头节子,它能把铆钉固定住,而我可以毫不费力地做我的工作。

第二天,我很早起来就去试用我新制的工具。我在其他工人到来之前开始做工。惊人的成功!这个木节子能固定住铆钉,不用我的手去扶,如同多了一只手,这样我能比原先用手扶的方法做更多的活。我的老板也过来夸奖我的新改进。

有了这个木节子,我的工作速度比原先加快了一倍。有了剩余时间,我便向老板要求更多的工作,于是被委以一大堆杂务。我帮助组装线上的妇女调整工作台的高度,结果她们干得顺手,也提高了效率。我在任何可能的环节中协助我的老板。我总是来得很早,下班后也留下帮助清理整顿,为第二天做准备。这是份不错的工作,满足了我当时的需求。

读到这里,小约翰叹了口气,看来苦难确实会炼出真金,今日成功的父亲在昔日不也是个小人物吗?他继续读了下去。

×年×月×日　　　　　　星期五　　　　　　晴

公司里的人对我就像一家人一样,我也参加到公司的一些娱乐活动中。公司有个垒球队,每周都与其他一些小公司的垒球队比赛。我成了球队的一名管理员。在公司后面的球场上我结识了奥林·哈维,他是球队队长,又是公司的采购员。一天练球时,我们谈到了工作。

"你为公司工作感觉如何?"他问。

"不错。"我说,"但我对钉铆钉有点烦了。我想找点儿更具挑战性的事情做,我可以学到更多的东西。"

哈维先生到我们的生产线上来。

"你愿不愿意到采购部门做一个订货员,约翰?"他问。他解释了订货员的职责，并说借此我可以了解到整个公司的生产程序。他强调说，所有生产成品所需的材料都要经过订货员这一程序。

我当然愿意。我个人的努力工作和解决问题的能力被认可并被奖励。一年之内，从每小时薪金20美分的组装线工人升到了采购部，继而又被提升为灯光部门的助理经理。这以后不久，我被任命为工业关系部主任。

这让我认识到，没有内部关系和推荐，我仍可以从最底层干起，一点一点地获得成功。我认为这是搞清楚一门生意的基础的最好途径，并能使我获得在这一领域里发展所需的必要的自信。

……

看过当年同自己现在一样做着小人物的父亲的心路历程，小约翰感触颇深。他合上日记，仰躺在床上，盯着天花板，自言自语地说："看来我明天要回公司工作了。"

11
不断学习,不要虚度光阴

在一次用人决策中,洛克菲勒撇开罗伯茨,任命芬顿为业务部长。这最后决定的依据,从洛克菲勒来看,不是根据他们两个人完全相同的经历和素质,而是根据"不断地学习""能与公司同时成长"的积极的热情上的差异来选拔的。

最近,伊丽莎白和小约翰新办了一个经营学讲座的听课手续,打算利用业余时间继续深造。洛克菲勒很高兴,因为姐弟俩认识到了学习的必要性。

"贝茜,你对这次课程设置的感觉如何?"他们上了两个多礼拜的课之后,洛克菲勒问他们。

"还不错啊,时效性很强,也很有意义。由于这是针对经理人员的一次培训,所以有许多在学校学不到的东西。"

"那就好了,对你们的继续深造我高兴的理由有几个:首先,你们的好学精神是可贵的。你们的许多朋友从学校毕业后,认为学到现在这种程度,对于确保将来的生活有饭吃就已经足够了,以后可以安稳地度日了。其实这样想就完全错了。我认为,不管在生活方面还是在事业方面,人生教育的价值是不可估量的。在人们发泄不满,说很难成功啦,人生是地狱或者说太无聊啦,早上连床都不想起的时候,在许多情况下他们都忽视了这一事实。为了成功,必须不断地学习,这是企业界的第一原则。积累的知识越多,成功的希望就越大。"洛克菲勒语调激昂地说。

"我们倒没想那么多,只是在工作中有力不从心之感,所以想学习。"伊丽莎白说。

洛克菲勒点点头说:"一般来说,人都要随着不断积累经验而登上成功的阶梯。作为晋升的条件，提到企业管理岗位都要看经验。然而，在企业界出人头地的，是一些有经验，再加上积极地制订提高自己的计划的人，是一些除了上午9点到下午5点的日常工作外，还要学习现代技术或提高销售成绩的革新技术的人。除了正常上班时间外，每周还有128个小时，如果能够利用其中的一部分时间——哪怕是两三个小时学习技术和专业知识的话，一定会和那些不去努力的竞争者拉开距离的。"

"爸爸，我看我的许多同事把大部分休息时间，都放在娱乐方面，有时候我都差点被他们拉进去！"小约翰对父亲说。

洛克菲勒略一沉思，说："虽然没有经调查证实，但是，依我看，除了正常的上班时间，利用一部分时间去学习一些与自己工作有关的知识的人是不太多的。因此，如果确实地制订周密的、建设性的学习计划，很容易就可以把大部分与你竞争桂冠的人甩下来。

"我希望你们重视这句话：'如果确实地制订周密的建设性的学习计划的话……'中国古代有位哲人孔子说：'学而不思则罔，思而不学则殆。'而且你要努力实行这个计划，即使说不上一辈子，但必须是长期的。现在我已度过了人生的大半时光，不仅仅是为了和竞争者拉开距离，而且是因为既然已经艰难地登上了'成功的阶梯'，就要在这个阶梯上站稳脚跟，从而必须继续学习。"

"爸爸，我可不想那样，我一直想做个让您引以为豪的女儿！"伊丽莎白信心十足地说。

洛克菲勒点点头说："最近我的心脏越来越脆弱，你们两个很有可能成为我的企业的继承人，顺便提一下，关于企业管理也是同样的事情。作为一个经营者，你个人的成长不要落后于公司的成长，必须随着公司的发展而加强你的管理能力。否则，你也会像许多被解雇的，或者由于来不及觉醒行动起来的管理人员一样，加入落伍者的行列。

"希望你们在听经营者讲座，读许多关于一般的经营理论的书的同时，在你提高自身修养的计划里也要把个人的有关问题包括进去。比如，想必你也知道，研究人的心理动态，这对你有很大的好处。遗憾的是，这么重要的事情，我并不是20岁就已知道，而是50岁时方才知道。

"另外,我还有一个建议。作为掌握好自己人生航舵的绝妙手段,我建议你阅读历史书。学习我们的祖先在正常或异常的事态中如何苦干,达到挑战的目标或征服目标的经验。历史往往有惊人的相似,许多事情都是重复的。我们想要知道的很多方法都已经被人们所尝试和证实,并且已经归纳在书上等待着读者。同样也有关于人们曾犯的错误的历史,我们应该从这些先例中学会避免犯同样的错误。

"再过10年以后,你们就又长大了10岁。是随着年龄的增长而变得聪明了呢,还是仅仅长了10岁?

"希望你们不要选择后者,要吸取罗伯茨的教训,以免重蹈覆辙。"

12 让对手与你握手言和

伊丽莎白向弟弟诉苦，而小约翰也正是遇上了这种情况，他的顶头上司迈克是个两面三刀难对付的人物。

洛克菲勒以自己的亲身经历告诫姐弟俩如何避免这种职场里的常见现象。

"孩子们，我想先给你们讲个故事。记得当年在波雷克斯公司时，佩特森先生离开了西弗公司，到波雷克斯公司就任主管市场营销的副总裁。帕克·德雷克作为国内部销售经理，在他的手下工作。德雷克在公司工作已有12年了，佩特森是个外来户，可他却得到了德雷克梦寐以求的职位，这使德雷克耿耿于怀。在我看来，德雷克和他的一些地区销售经理们似乎已形成了一个反佩特森的阵营。

"佩特森劝我离开西弗公司，到波雷克斯去。他把他和德雷克之间的芥蒂、不和以及种种摩擦都告诉了我。这样做并不是出于礼貌，而是一个警告。我必须干好，而且不能有丝毫的懈怠。佩特森强迫德雷克接受我做第三个地区经理，想以此来削弱德雷克的势力。我负责西部事务，包括密西西比的西部地区，范围从加拿大边境到里奥克兰德。

"德雷克和他的同僚们对我的任命极为不满。对他们来说，我是佩特森阵线内的人物，对他们的关系网是一个潜在的威胁。我感觉到，德雷克最大的欣慰莫过于我的失败，那样他就可以把我揪到斯托克斯（即总裁）的办公室，然后趾高气扬地宣布说：'我一直对佩特森讲，这小子不是干这事儿的材料。但没用，他就是不听我的。他强迫我雇用他，现在你看，这小子干得一塌糊涂。'我可让他出了口大气，我怀疑没有什么事儿会比这件事更能使他感到扬眉吐气的了。在这个处境下，德雷克和他的同伙们对我的态度也就是意料之中的事情了。"

"那么,后来您怎么办了?"小约翰问道。伊丽莎白递给洛克菲勒一杯鲜橙汁,洛克菲勒喝了一口,又接着说:"我的名誉和威望受到严重损害。"

"在9月的第一个星期里,我们开始发动总攻。人人都保持着高度的警觉。这一周不再是工作5天,而是6天。同样,任何人也不是从早晨9点工作到下午5点。这些推销员从早晨8点就投入了工作,直到晚上9点才停止工作。我要求他们每个人一星期要用65个小时投入工作,以便取得让全世界都为之震颤的成绩。

"星期四早晨,我碰到了德雷克。我还没来得及与他打招呼,他就朝我嚷道:'你这小子究竟在搞什么鬼?你发的电报是什么意思?你们一周的销售额有90万美元?这可是你们一年销售额的20%!这数字太不可思议了。'看到他疑惑和略带愤怒的样子,我说:'得了,难道你不想让我们的生意兴隆吗?这就是我们上星期的工作报告,你不信?'他仍然满腹狐疑,于是我对他说:'好吧,你可以不信我的话,但你得为那些纷至沓来的订单做些必要的准备。'这个好消息并没能让他平静下来。他说:'你究竟干了什么?你得给我说清楚。'

"第二天他叫我去他的办公室。这时,所有人都知道发生了什么事儿,订单如潮水般涌来,我们的生产计划已经排到了以后的8个月。当我走在公司办公楼里时,迎接我的只有微笑。斯托克斯、佩特森、德雷克和我专门开了一个会。斯托克斯首先说:'你那星期干得真漂亮,你能否告诉我你是怎么干的?'我的全部计划早已写好,准备呈上,一点破绽也没有。3个月之后,我被提升为市场部主任。"

"爸爸,您真是太棒了!"伊丽莎白为父亲喝彩。

"爸爸,我现在的情形和您一样,我的上司布拉克和我的同事席兹联合起来对我搞阴谋。"小约翰烦躁地说道。

洛克菲勒安慰小约翰说:"你们的事我都知道了,我只想告诉你们一些最实用的法则。如果你处在公司内部的明争暗斗之中,你可能会面临几种抉择。你可能弃船而走,离开这个是非之地;你可能以其人之道还治其人之身,用同样卑劣的手段来对付他们;或许还有第三条路径,你可以在工作成绩上把你的对手远远地甩在后面，使你们不再处于同一层次，这样他们的种种'武器'，无论是明枪，还是暗箭，都将毫无作用。我希望你们也能选择第三条道路。

"这样通常可以结束一场相互攻击。因为造谣诽谤者一般都比较害怕他谣言的受害人，或许是他没有实力去打败对手。他绝对不愿意使自己成为别人诽谤的牺牲品。他的地位也是不保险的，他知道别人也有潜在的武器可以用来对付他。记住，最幸福的方式是对手能与你握手言和。"

13
婚姻是人生最重要的投资

伊丽莎白在圣索菲亚大教堂举行了隆重的婚礼。商界名流云集此处，洛克菲勒牵着女儿的手，并亲自把女儿交给了哈佛的高才生查尔斯。小约翰深受触动，也开始考虑起自己的婚姻大事。

婚宴后，父子俩驱车回到了乡间别墅。春天的晚风让人心里暖洋洋的。

"爸爸，我也想结婚！"小约翰突然说。

洛克菲勒靠在藤椅上，慈祥地对儿子笑了，说道："是不是看你姐姐很幸福？"

"我的很多朋友也都结婚了，我想我也该考虑了。"小约翰说完，陷入了沉思中。

"我了解到你跟你的朋友谈起你在考虑结婚，我边考虑这位幸福的新娘是谁，边情不自禁地笑出声来。因为你的约会对象每一次都不同。

"的确，诚如马丁·路莎所言，没有比幸福的婚姻更加美好，更加充满友情，更有魅力的关系、交往以至能够无比和谐地共同生活的事了。我也深有同感，可是婚姻大事却不可轻率对待。从某种意义上而言，本来婚姻是一种自然力量的结合，其最后的关键是她的亲和力，这种力量是不可放肆地滥加使用的。

"对结婚不反复思考，不认真将其组合为人生十分重要的一部分时所得到的惩罚，就会是离婚、精神上的痛苦，大多数结果是存款的骤减。其精神上的痛苦，大部分是跟随婚姻的破裂接踵而来的、容易发作的、伴随着失败综合征的痛苦；若有子女的问题缠绕，这痛苦将更加备增。你还没有当过父亲，未体验过父亲对子女的感情。夫妻之情残酷地变得越来越冷，尚可忍耐；可大人们对亲生骨肉的感情却是永远也不会冷却的。离婚必然会带来巨大的骨肉分离之痛。

"从一位从商者的角度来思考，那么结婚这一严肃的事实，它本身便是将自己投入一项重大的投资。幸福的婚姻是人生重要的支柱，其积极作用是不可估测的；另一方面，不幸的婚姻所招致的损失同样深不可测。要取消不幸的婚姻，不仅要做出将财产分出一半的牺牲，在此基础上还必须长期为未成年子女付数年的生活补贴费用。现在的年轻人对婚姻一般来说是过于随便草率了。'两个人过不下去干脆分手算了'这类的话充斥于耳，屡听不鲜。轻率地对待这一人生大事的确太悲哀了，而随之而来的无穷的苦恼则更令人痛心！

"婚姻是投资？这种说法很新鲜！"小约翰与父亲半开玩笑地说。

"对，婚姻就是一个商人最容易与最困难的投资。必须慎重考虑，从长计议。世上也有人仅仅抓住一次机会就完成了婚姻大事，这一类善始善终的最为幸福的婚姻是很少见的。为什么呢？因为在这一类结合中，一般来说不仅只有相互的同情，在必须成功这一点上也须具有坚强的决心与信念。在这重要的投资里，值得庆幸的是你处在可以从容地选择'女方'的立场，因为你性格温和，仪表不凡，一表人才。如果对所有这些上天的恩赐加以灵活运用，的确可以对婚姻这一事业进行了不起的投资。

"这一投资对象应该具备怎样的资质呢？如果你征求我的意见作为答案，你应该选择温柔善良的人品好的女性，你要仔细地观察她是否有媚俗与嫉妒心太强的一面，这一类性格婚后将惹起无穷的后患。你千万不要接近那些长舌妇，对性格贪婪的女人也要视之为瘟疫，远远地避开。"

"那么，爸爸，您当初是怎么选择了妈妈呢？"小约翰做了个鬼脸问父亲。

"你这小子，什么都敢问！"洛克菲勒说道，"不过，这也是我想对你说的另外几点注意事项，你一定要考虑以下这些方面：这位女士是否活跃？是否爱清洁？是否有幽默感？话虽如此，只要具有魅力，人品好，人聪明也就够了。因为你不可能将所有美好的东西都得到手，所以应该十分重视她或多或少的缺点，如果具备了以上三种关键的品质，你将来的生活就会安宁幸福。不过，当你直面不可回避的危机时，必须抱持相互尊敬爱戴的信念一起去解决问题，而且'分手'这个词在你们的心中，在你们的字典里要永久地删除出去。

"当你完成了对这一新的投资的意见书后，你最好用心地制作某种借贷对照表，按照适当的比率安排家庭的时间与工作的时间，偏倚于任何一方都是不健康的。你尤其要注意在新婚旅行结束后不久，工作不可过于繁重。追逐万能的金钱固然是我们的工作，如果每周五天从早上8点到晚上6点还不能维持生计的话，这种工作你千万别碰它。

"如果你想实现我在此所表述的大部分，并且使事业的成功与无数的幸运永远伴随着你，你就能够维持幸福的婚姻。"

14
慎重地对待合伙经营的诱惑

小约翰的三个朋友——怀特、查理和奥里弗想让小约翰同他们合伙投资一项新产业的运营，小约翰认为这是一宗赚钱的大买卖而跃跃欲试。洛克菲勒以一名老实业家的观点向小约翰说明，投资一项新产业要慎重再慎重，必须充分估计到合伙运营可能出现的种种情况，他的告诫使小约翰不得不重新审视这一投机事业。

星期日一早，小约翰就出现在客厅里，一副兴奋的样子。看到洛克菲勒从楼上走下来，他一面迎上去，一面说道："您好，爸爸。"

"你好啊，约翰，怎么这么早？"

"我有个好消息，想要跟您说一下。"

"哦？"

"您知道怀特和查理吗？"

"那不是你的大学同学吗？他们还是你们棒球队的队员吧？"

"对，就是他们两个，昨天我们一起吃了一顿饭，他们给我带来一宗赚钱的大买卖。"

"赚钱的大买卖？"

"对，我们想一起投资于服务大型的建材设备。据说利润是相当惊人的。"

"建材设备？"洛克菲勒重复道。

"约翰，你不觉得那离我们的行业太远了吗？俗话说：'隔行如隔山。'迄今为止，我们从来没有涉足过这一行业，你不觉得太冒险了吗？"

"可是，爸爸，有怀特他们啊。"

"约翰，你有没有想过他们为什么会找你合伙呢。就你们三个人？"

"因为我们是朋友啊，并且他们几个的私人公司也发展得相当不错呢，还有一个合伙人奥立弗，他是查理的朋友。"

"事情并非那么简单，如果我没猜错的话，他们之所以把你拉去合伙做生意，似乎是因为你跟我在一起，生意干得很红火。如果这样就不难推测，你的朋友们为了他们自己新的事业得到后援，而期待着将我们的利益分流到他们那里。"

"爸爸，那您认为合伙经营没有什么好处了？"

"那倒不是，约翰，合作是所有组合式的开始，这一过程中最重要的三个要素是：专心、合作、协调。

"光是把人组织起来，并不足以保证一定能获得杰出的成功。一个良好的组织包含的人才中，每一个人都要能够提供这个团体其他成员所未拥有的特殊才能。

"几乎在所有的商业范围内，至少需要以下3种人才——那就是采购员、销售员以及熟悉财务的人员。当这3种人互相协调，并进行合作后，他们将经由合作的方式，而使他们自己获得个人所无法拥有的强大力量。

"许多商业活动之所以失败，主要是因为这些商业所拥有的，清一色是销售人才，或是财务人才，或是采购人才。你呢，约翰，你认为你真的了解你的伙伴们吗？

"还有，约翰，你预备在这项事业中充当什么角色呢？"

"我是股权人啊，我为他们提供资金。"小约翰不解地回答道。

"约翰，那么就是说你是一个旁观者喽，他们使用你的资金而你却是一个旁观者。约翰，新从事的产业并非属于我们原有的行业范围内，而怀特和他那些理科出身的朋友们和你一样经验不足。如果根本不用去借助产业界的经验与锻炼而只是本能地了解产业经营的方法，你们可能是这类天才中的几位。可是我却认为这种可能性太小了。

"你想想看，你是4位同等资格的合伙经营者中的一位，你是出钱的，怀特、查理、奥立弗一开始都会为事业付出努力，谁都会全身心地投入。可是随着时间的变迁，你们4个人当中会有一位或两位在半路失去兴趣，这种现象是很普遍的。在事业成功的时候也会如此，没有任何回避的办法。可是，一且进展非常困难,每天必须陪上七八个小时的工作时,这种重负会把谁或他的妻子压垮,其最终的景象将惨不忍睹。

"'约翰这小子每天花上3小时掏出200美元去享受午餐,可是我们却在这里吭哧吭哧地像老牛一样干活。''干嘛今晚非得加班不可呢?大伙不是都去玩儿去了吗?我挣的1美元有75美分给了他人,这活我可不干。'他们会这么想,下来就是对你典型的不满。'为什么那小子要从我们所挣的每1美元中抽走25美分,他可是什么活也没干哪!'要知道,人是很容易淡忘的。你在启动公司时在资金方面的贡献,他们却没有一直抱着深深的感谢之念。而在经营者们的脑海中,一直心想着这个事实:'你今天为我们的公司干了什么?'"

"这样说来,"小约翰陷入了沉思,"我还真要仔细斟酌一下了。"

洛克菲勒意味深长地说:"约翰,在进行合伙经营之前,费用、不可不付出的牺牲,以及必须忍耐长时间的乏味的工作这一现实,还有必须觉察到困难等等,你都必须考虑清楚。如果你决心自立于这项新的冒险产业的话,我期望你取得成功。"

15
成由勤俭败由奢

这是小约翰公司的财务部第三次请洛克菲勒去核查小约翰的交际费用支付账单了。看着账单上的一笔笔巨额支出,洛克菲勒不禁皱起了眉头。他拿着账单径直走进小约翰的办公室。

洛克菲勒把账单递给儿子:"约翰,我开门见山地跟你说好了。我是为了这些账单而来的。"

"有什么问题?爸爸。"

"你不觉得这些支出太过庞大吗?你的交际费用怎么可能这么高呢?有两三张账单让我怀疑你的交际费用是否用在接待王公贵族上。就我所知,我们跟王公贵族没有任何生意上的来往。或许是客人对你提出要求,希望以一种皇族的气派度过一个高贵典雅的夜晚?讽刺的话就不说了,我想知道的是,你自身是否已经染上了形同皇族一般的消费癖。"

"可是爸爸,我这样做是为了吸引我们的客户啊!我认为第一印象是十分重要的,当顾客参观过我们的工厂,再接受我们食堂100美元的接待,你是否还能充满自信地跟他进行商业洽谈?"

"约翰,"洛克菲勒有些激动,"显示公司的经济繁荣固然重要,而做浪费金钱奢侈豪华的愚人之举则极不可取。实业家们将创造利润视为他们的工作,这是他们在大部分场合最为关心的大事。即使构筑了数以千计的财富,如果过于浪费地使用,还是会被人视为傻瓜,谁也不想跟这种人继续做买卖。你也许听说过这样一句古老的格言:'傻瓜跟财富的友谊是不会长久的。'的确如此。

"如果你给人一掷千金、花钱如流水的印象的话,大多数顾客会对你敬而远之，他们会考虑你所花的钱不正是通过跟他们的交易而得到的利益吗？并由此而产生动摇。而且，花钱方面过于大手大脚，总是置办一些价格昂贵的东西，这一想法会掠过他们的脑海，这样他们就会把他们的目光转向我们的竞争对手的长处，而你为了维持跟他们的生意关系就必须付出更大的代价。"

停了一会儿，洛克菲勒的语气缓和了一些："我们的金钱有两种用途，一种是投资事业，期待着高收益；一种是通过使用来得到快乐与幸福。

"我至今还记得我小的时候，和父母头一次到100公里外的地方去旅行的情形。那是到350公里外的一个大城市去。为了这一次'无与伦比'的假期，父母花了好几个星期去制订计划。制订计划的快乐与置身实地的感动相联系，旅行结束归来之后，就发展成为无休止地谈论此次旅行的乐趣了。而现在年轻人不到1万公里外的地方去旅行便提也不要提了。

"就这样，因为我们的期望大，就极难在经济上安下心来。和周围的人攀比的结果是，花销越来越大，存款越来越少。我们必须切实地控制住自己对经济的渴望。应该想到若可维持一定程度的生活水准便足矣，在此之上的宽裕不妨视之为自己努力的额外报酬——正餐后的甜点吧。"

小约翰若有所思地说："爸爸，或许真的是我错了，我会重新安排的。"

"约翰，我也并不是强调要你过苦行僧式的生活，那是根本不可取的。总之，我们是否拥有财富与我们对待财富的态度和创富过程中明智的选择关系极大。金钱的奥妙无穷，创造财富的过程也复杂艰难，一个人要成功创造财富绝对少不了对金钱的正确态度。正确的态度能将我们引上致富之路，错误的态度却可能导致人财两空。"

"爸爸，您说得太精辟了，我发现您越来越像个哲人了。"

"约翰，积攒财富需要花很长的时间，而失去它，却异常迅速，一晃而过。如果你害怕攒钱太多才去挥霍的话，我告诉你这个世上还有相当多的需要帮助的人。我并不打算对你说你过分沉溺于财富之海了，可是现在只要看一眼你上一个月的交际费用，我发现你已经被埋没在账单的海洋里了。"

"爸爸，我想我会努力改的，不过你知道，我已经习惯了那种交际方式，如果一下子改掉，恐怕要很不适应哩。"

"约翰,对于财富运用的观念,我很欣赏现在流行的'托付观',它认为人生为过客,你一生中拥有的任何东西都不属于你个人,而是被交托到你手中的。这种观念带来责任感——你必须小心处理所拥有的一切,并正确地运用财富造福众人。约翰,我衷心地希望你也能遵循这一观念,那样,你必然会真正体味到人生之乐趣。"

16
友谊是事业成功的助动力

"爸爸，您是如何看待库克的？"小约翰向自己阅历丰富的父亲询问人生的经验，"您了解他的。但是我们之间出现了一些问题，可能是我们之间长期没有联系或者其他方面的原因，虽然我们从大学时代起就是最要好的朋友。"

洛克菲勒沉思了一下，对小约翰说："我想，我的这些老人家的故事对你们年轻一代来说可能没有什么吸引力，但是我还是想给你说一下我的故事，也许你会觉得它并非完全没有意义。"

小约翰安静地坐在洛克菲勒旁边，等待父亲讲述他过去的故事。父亲总会在自己出现问题的时候给自己提出一些宝贵的建议，如同给大海中迷失的舰船指引方向的灯塔。

"每个人一生都会结识很多朋友。在生命的每个阶段里，这些朋友都有自己不同的价值。朋友有很多种，所有的朋友都应该保持联系，因为拥有各路朋友很重要，虽然朋友肯定有亲疏之分。随着年岁的增长，对这一点的体会便会越发地深刻。有一种朋友，在你需要帮助的时候，总是恰好不能帮忙。

"'我不能借款给你，'他说，'因为我和合作伙伴之间有协议。'

"'我非常愿意帮你，但这个时候确实不方便，'诸如此类。

"我的意思并不是指责这种友谊。有时候是性格使然，有时候朋友只是心有余而力不足。我的朋友中这一类是比较少的，大部分都属于为朋友两肋插刀的类型。我记得有一位朋友，从第一次见面起便对我非常信任。他的名字是哈克内斯。

"又一次，一场大火将我们的所有仓库和炼油厂在几个小时内夷为平地。虽然可以向保险公司索赔几十万美元，但我们仍担心索赔这么大的数目会耗费很多时间。工厂必须马上重建，资金的问题亟待解决。哈克内斯先生对我们的生意颇感兴趣。于是我对他说：'我可能需要向你借些钱。我不知道最后是否需要，但想先跟你提一下。'

"他听到我的话后，并没有多问什么。他是个沉默寡言的人。他只说：'好的，我会尽我所能帮助你。'但回到家后，我的烦恼就解决了。在建筑商要求我们付款之前，我们收到了利物浦伦敦环球保险的全额赔款。虽然不用向他借款，但我永远不会忘记他在危难之时慷慨真诚的帮助。

"我很幸运地遇到许多这样的朋友。在创业早期我是个大债主。公司发展很快，需要大量的资金，而银行总是慷慨地为我提供贷款。火灾带来一些新的状况，我开始分析当前的情形，考虑我们的现金需求量。我们开始重视应继续资金的储备。也在同一时期，有一件事情证实了患难见真情的道理。但我是在多年以后才听到了事情完整的经过。"

"发生了什么事情？"小约翰觉得父亲的故事每次都那么有吸引力，虽然他很想一下子知道结果，但他还是保持着耐心和理性。

"当时，我们曾与一家银行有众多的业务往来，我的一位朋友斯蒂尔曼·维特先生是该银行的董事。有一次，董事会正讨论关于我们贷款的问题。为了让其他成员没有提出异议的机会，斯蒂尔曼·维特董事拿来了他的保险柜，指着保险柜说：'各位，这些年轻人信誉良好，如果他们想贷款，我希望银行毫不犹豫地借给他们。如果你们还觉得不放心，这个保险柜就是保证。'

"为了节约成本，我们通常采用水运的方式运输石油，借很多钱来支付这些费用。我们已从另一家银行贷了很多款，那家银行的行长告诉我，董事会已经在过问我们的贷款，并且可能会约我面谈。我回答道，可以与董事会见面，我深感荣幸，因为我们正计划申请更多的贷款。不用说，我们申请到了贷款，但并没有人约我面谈。

"恐怕我对银行、金钱和生意讨论得太多了。花费所有的时间，为挣钱而挣钱，是最无耻和悲哀的事情。如果年轻四十岁，我很愿意再战商界，因为与有趣、机智的人来往是很快乐的事情。但我有众多兴趣爱好用以打发时间，所以我更愿意用余生去完成生命中未完成的计划。从16岁开始工作到55岁退出喧嚣的商界，我工作了很长时间，但我必须承认在这期间我经常有一些很棒的假期，因为我有最精干的团队，最优秀的人才帮我分担重任。

"我是个注重细节的人。我的第一份工作是簿记员，我对数字和论据极其看重，不管是多么细微的数据。早年，任何涉及会计的工作都会分派给我做。我有一种追求细节的热情，而这正是后来我不得不强迫自己去克服的。

"在纽约波肯提克山庄，我在一栋旧房子里住了许多年。那里优美的景色让心灵得到释放，我们过着简单而平静的生活。我在那里度过了许多美丽的时光，研究美景和树木，以及哈德逊河所形成的景观效应，而那时我本应该分秒必争地投身于我的事业中的。所以我担心自己会被认为是不勤奋。"勤奋的商人"这个说法让我想起了克里夫兰——一位旧识之友。他在事业上可称得上是鞠躬尽瘁了。我曾经与他谈起我的一个爱好——园林艺术，但对我来说只是设计林中小径之类的——他觉得非常无聊。35年来，这位朋友直接否定了我的爱好，认为商人不应该将时间浪费在愚蠢的事情上。

"一个春意盎然的下午，我邀请他来观赏我花园里新铺设的小径（在当时，对于一个商人来说，这是一个冲动而鲁莽的提议）。我甚至还告诉他我会热情款待他。

"'我来不了，约翰，'他说，'今天下午我手上有件重要的事情。'

"'即使这样，'我还在劝他，'你看到那些小径的话肯定会开心的——还有两旁的大树……'

"'约翰，继续讲你的树和小径吧。今天下午有条矿砂船到，我的工厂正等着它呢。'他心满意足地搓着手，'即使错过欣赏基督教界所有的林间小径，我也不想错过看它开进来。'他为贝西默钢轨合伙公司提供的矿砂售价每吨120—130美元，如果他的工厂停工一分钟等矿砂，他便觉得正在错过一生的机遇。正是这个人，经常遥望湖面，精神紧绷，希望看到矿砂船的影子。

"我想矿砂业是克利夫兰最主要并且最具诱惑性的行业。50年前，我的老雇主从马凯特地区购进矿砂，价格是每吨4美元，再想想数年后，这个原来的园艺匠以80美分每吨的价格整船购进矿砂，并由此发家。这就是我自己在矿砂业发展的经历，也得益于我的这位老朋友克利夫兰的影响。"

"我知道了应该怎么做了，爸爸。我很高兴倾听到您的经验之谈。"小约翰的困惑已经解除，他走出房间驱车前往库克的家中。

17 以谋求最高职位为目标

"爸爸，我是来向您辞行的，我和查尔斯要去海滨旅游。"伊丽莎白保持着往日的笑容。

洛克菲勒神色严肃地说："贝茜，你知道我最不喜欢逃兵了，你在这个时候去旅游，是不是想做逃兵啊？你公司的总经理6个月以后就要引退了，我不理解你为什么不请求参加下一任的竞选。为了获得现在的负责交易副经理的职位，你已经付出很大的努力，有时甚至牺牲了家庭生活，为此，你们夫妻俩都很好地克服了困难。你有这么好的家庭，对你的经营才干人人都给予高度的评价。至今为止，你一直以优异的成绩一步一步地往上升，现在只剩下最后一步，为什么却放弃晋升最高的职位这一目标呢？"

"爸爸，您无法体验我的苦衷，我不想为了这个职位失去所有的快乐。我主要担心的有三点：一是担心工作太忙；二是担心太操心；三是担心自己没有资格。"

"可是，"洛克菲勒摇摇头说，"你这不是掩耳盗铃吗？你可要知道这次度假有可能会让你前功尽弃。

"就任总经理无疑是一场大挑战。可是你已经习惯于挑战了。在这点上，你没有什么值得害怕的新因素。概括地说，总经理的职责和以前一样，就是在人事、组织及损益计算上发挥你的才能。只不过是规模大了一些。在这一方面你还有什么没有经历过的呢？我常常给你引用梭罗的话：'最可怕就是恐怖心理。'此刻你不觉得应该重温这句话吗。"

"可是，难道您不知道我已经得了严重的神经衰弱吗？再不休息，我都要崩溃了。查尔斯已经受不了我的失眠了！"伊丽莎白竭力辩解。

洛克菲勒语气柔和了下来："贝茜，我认为在管理人员中特别优秀的人，是一个星期用四天的时间与职员、顾客、银行家、研究者、政府官员等，精神百倍地进行有关经营企业的经验交流；还有一天，他们用冷静的心情进行一段时间以来的反省，同时制订下一周或下个月的周密计划。这一天是他们的'思考日'，归根到底，思考是总经理的工作。

"工作过于繁忙的总经理大概是因为工作过多的缘故吧。在这里我反复强调，越是费时间的工作就越应该委托给部下。长期以来，你在丈夫、家庭、朋友以及职业方面实际上已巧妙地安排了时间，并取得了很好的效果，对时间的管理已经很熟练了。因此，我觉得你没有理由不能增加一个总经理的职务。"

"我总是感觉力不从心，爸爸，我真的很累了！"伊丽莎白有点烦躁地说。

"我觉得这不是退出竞争的有力理由，劳神的原因及其解毒剂——一切都在于人。多挑选一个能接受任务并有才能完成任务的职员，你就会减少这一份劳神。我反复强调过合作以及合作带来的相应效果的重要性。

"公司的生活当然避免不了许多无谓的问题，你常年忍受着愚蠢的会计标准、无聊的生产方面的问题，以及不肯接受你对此进行必要的改革的现任总经理的固执。这些都一直对你公司的士气和效益带来影响。如果你是总经理的话，产生这种让人着急的事态时，凭你个人的意见，随时都可以纠正。你不能只忙于现在的小小的'劳神'。"洛克菲勒充满理性地帮伊丽莎白分析着。

"还有啊，爸爸，在企业界奋斗到今天，我似乎已拼了全力，真不知道自己能否胜任这一职务啊！"伊丽莎白不自信地感慨着。

"贝茜，我真不知该怎么说，以最严格的要求，现实地评估自己的能力和过高的评估是同样的重大错误，你的实绩或经验是足以就任此职的基本条件。优秀的总经理所需要的想象力、指导能力和决心都是在这个基础上出现的。

"所谓想象力，意味着决定把公司何时引向何地的能力；所谓出色的指导能力，就是策划达到目的的路线，选择实施其计划的胜任者；所谓决心则是以上两点不管在途中遇到什么障碍,一定要达到目的的能力。如果你想测量一下自己的决心,试着数一数过去10年里你所计划的、未能完成的项目就行了。没有几项吧?"

听到这里,伊丽莎白陷入了长久的沉思中。

洛克菲勒走到书架旁,取下一本书,翻开扉页把一句话指给女儿:"与其生活在既不胜利也不失败的黯淡阴郁的心情里,成为既不知欢乐也不知悲伤的懦夫的同类者,倒不如不惜失败,大胆地向目的挑战,夺取辉煌胜利,这要可喜可贺得多。"

伊丽莎白凑上去,与父亲一起思考起这段话来。

18
事业金字塔的建立需知人善用

一连4个星期，伊丽莎白为公司的一项没有得到充分实施的顾客服务项目分析和策划可能的改善方面及其方法，准备一份调查报告，每天都工作到很晚。这是一项关系到公司的生存、为之奠定基础的极其重要的调查。

晚上9点洛克菲勒走进总经理室，伊丽莎白在伏案工作，神色十分疲惫，头发有点儿凌乱。

"贝茜，你怎么还没回家？"洛克菲勒关心地问。伊丽莎白抬起头，"嗨，您来了，爸爸？"她耸耸肩，"这么多工作，回家也不安稳，一样闹心！"

看着女儿略显憔悴的脸，洛克菲勒很不放心："你知道，贝茜，不知有多少次别人问到我：'怎么做才能同时经营几家公司，还有两个月的休假，开着家用小车去享受大自然的乐趣呢？'我的回答总是同样的一句话：'因为我把日常的业务委托给非常能干的管理人员。'大概你会说这是简单的回答。的确是简单的回答。可是，事业的经营者为了把自己的工作委托给他人，训练自己的部下，使其提高工作能力，这是非常少见的。为什么这么多的人不愿意把工作委托给部下呢？这对于我来说是个谜。是不能信任？还仅仅是愚蠢？还有，害怕别人干的工作比自己还要好，大概这是主要的理由？因为某人大概比自己还能干，所以把某项工作委托给这人，有这种勇气的人是很少的。

"想想看，我不得不下这样的结论，一个不能把工作委托给部下或不想委托给部下的经理，肯定是对自己是否有能力负起现任经理的责任而感到惶惑不安。在我们的公司，这样的经理，倒不如说是失职。每逢这样的经理失败于培养部下时，事业之基础就受到腐蚀。"

"爸爸，这些管理理论我都懂，可您不知道，这份报告我已经让秘书写了好几次都不行，很耽误时间，所以我决定自己写！"伊丽莎白很无奈地说。

"这也是我想和你说的问题。写重要报告的时候，为了慎重起见，要确认五个阶段的程序：一、目的的设定——这份报告要弄清楚的是哪一点；二、为了得出与目的吻合的结论需要什么样的情报，该怎样调查和选择；三、实际收集必要的情报；四、为了能正确分析，应系统地整理处理过的资料；五、得出结论的最后分析。"洛克菲勒条理清晰地表述着报告的写法。

伊丽莎白摇摇头说："这些我也知道，除了调查报告，还有好多别的事情要做啊。"

洛克菲勒帮女儿倒了杯咖啡，自己也倒了一杯，说："你确实是知道。然而，高明的职权委任的第一原则，是对于部下的能力、野心和欲望进行细致的评价。一般人，如果你给他机会，他能取得的优秀成绩，会让你大吃一惊。并且他接受新的任务的那一天，一定信心十足。在企业界最令人高兴的不是是否提薪，而是自己的能力得到重视，被授予能够引起热情的任务。当你知道接受新的任务的部下干得很出色时，你的喜悦也许是另外的问题。

"如果把重要的工作交给部下，你也许必然要做你从来没想过的事。那就给予指点。为了使坚强的有能力的管理人员和忠实可靠的部下合为一体，作为坚实的基础，就需要指点。在实业界获得巨大成功的人，常常是极其优秀的教师。当优秀教师，就是要支持和鼓励他们，耐心地、尽可能地引导学生的潜在能力。

"决定人选、完成训练计划之后，作为努力的成果，你的至少一部分工作将由新人去干。能否带来最后的成功，关键在于新分配的任务的整个管理系统的发展。希望你能经常通过新的情报尽早地发觉问题，及时纠正错误，这意味着要建立你和你的部下之间的联络方法。最重要的是你要有信心，相信他们能完成新的任务，并会实际上为你完成任务。你的新任务就是支持他们，使他们能够克服困难。"

伊丽莎白脸上的表情轻松多了，洛克菲勒又继续说道："建设事业或者公司的某个部门，就像从上面建起金字塔一样。你是顶部的石块，在你的下面能够有多少层坚实的基石，就看你选择、训练、依赖、监督或者晋升部下的能力了。许多经理都不理解这一点，生怕提拔部下后自己的地位受到威胁。这是最令人遗憾的。你的情况怎样我不知道，但是我对自己的金字塔的基石是很有把握的，晚上可以安心地睡觉。

"大约在公元前2600年，埃及的斯内夫鲁王第一个真正地建起了金字塔。然而，继承他的遗志建起理想的金字塔——吉萨金字塔的是他的儿子胡夫。希望你继续建设你的金字塔，并且像胡夫王那样，把它建成一个理想的金字塔。"

19
创造力是事业成功的保障

"还记得我带你们到北部打猎的情景吗？"晚餐上，洛克菲勒有意转移话题。

"是啊，那个时候约翰是多么勇敢，面对狼群临危不惧。"伊丽莎白感慨道。

"我希望，你们还用当初那种'初生牛犊不畏虎'的精神来面对今天的挑战！我们要对付的问题，即竞争公司的新产品。你们大概也已经发现这要求我们全面地应用创造能力。这是人的心理本能之一。现在，虽然我们的一种产品在市场上落后于竞争产品，但我们并非对这种事态毫无准备，等闲视之。

"具体地说，我们贯彻了这样的方针，即常常把公司的相当一部分盈利投资到持续性的研究和开发计划里。并且为改良现在的产品，我们最近打开了若干重要突破口。因此，我坚信很快就能对付竞争产品的威胁。"

"技术开发部已经设计了几个方案投入市场，但仍然毫无起色！"小约翰很懊恼地说。

"约翰，别着急，从我的经营哲学来说，只要是与制造公司有关的新的改良方案，都不应该马上拿到市场上去实践，而用于准备对付我们现在所经历的'不时'之需，才是高明的。

"作为一个成功的商人，我们必须总结经验教训。作为这次事件的最大教训，你必须牢记以下事情。有不少公司将大部分利润作为红利分给股东，而对于新产品的开发和改良一文也不花，这是严重的错误。优秀的公司为了长期保持公司的优势，即使分出一部分利润，也要对研究和开发新产品进行投资。

"作为第二个教训,希望你们理解的是,为了事业的成功,必须培养业务人员的创造性和丰富的想象力。过去只要有教育和努力,就有希望获得成功。但是时代不同了,要取得今天的成功,就要在教育与努力之外再加上这些要素——有创造性的、想象力丰富的心灵。

"年轻时开始干事业的时候,我对年长同事们的发明才能和天才的创造能力有一种敬畏感,认为自己毫无创造能力。值得高兴的是,随着时间、学习、习惯和经验的积累,证明了那只是自己的一种想法。如果当初就能领悟这一点的话,就可以省去很多徒劳的苦恼、动摇的时间。"洛克菲勒细致入微地分析着。

"我想我从小就缺乏较强的创造力,因此在那方面一直缺乏信心!"伊丽莎白自我反省地说。

洛克菲勒笑着说:"贝茜,现在你还是在犯我以前所犯过的、各种年龄的许多人都犯的错误。

"创造能力的应用有以下4个方面。我们把这些方面称为'心理活动''成熟期''孤独'和'主人翁精神'吧,下面我们就各个方面进行探讨。

"心理活动是指就你准备调查的任何课题,首先必须在潜意识中储存所有已知的事实,然后在潜意识中理出错综复杂的事实头绪,做到心中有数,很快就会找到解答,主意会一个接一个地浮现在你的脑海里。有时在你意想不到的时候也会有办法。总之,办法会浮现到你脑海里,并以某种形式集中起来。之后你就把它作为一种试验去实行。

"成熟期指创造性的突破口并不是在一夜之间就能打开的,希望你能理解这一点。当然也有例外的时候,但一般来说,构思的发展需要时间。有时甚至必须花上好几年的时间,耐心思索事实,反复试验,在潜意识中储存新的数据,等待最后的全部的解答。诗人罗伯特·李·费罗斯特是这样说的:'牛顿在抓住灵感之前,苹果已多次落到他头上!自然常常给予我们启发,反复地启发我们。而我们则是偶然得到了灵感。'人类从这种创造性的心灵中'抓住灵感',发明了车轮、纸张、玻璃、电、汽车、飞艇;在其他方面也取得了许多卓越的成就。

"孤独是创造力的最重要的催化剂之一。为了抓住灵感,就必须给予心灵一个可以构思的安静的、心平气和的环境,需要有使新的构思浮现在脑海里的安静的时刻。詹姆斯也曾这样说过:'正如社会可以培养完美的人格一样,培养想象力需要孤独。'我从星期四傍晚离开办公室以后到星期一才回公司就是这个原因。一般的朋友认为我是星期五休息。他们不知道,星期五不管我在家里度过还是去划橡皮艇,对于我来说都是安静的'思索'的一天,是长期以来一个星期中成果最多的一天,一个最宝贵的工作日。

"主人翁精神的定义是说,它是'为了达到特定的目标,在两个以上的人们之间,以合作精神所进行的知识和努力的统一'。两个以上的人'合作',为了解决目前的问题,'把脑袋凑在一起'的时候,常常比自己一个人去想主意要多得多、好得多。"

20
了解和关心团队中的每一位成员

正当伊丽莎白准备在公司上下开展一场轰轰烈烈的改革时,她的得力干将迈克离开了公司……

伊丽莎白去探望住在圣玛丽医院附属康复院疗养的洛克菲勒,正碰上父亲和他的爱犬甜甜在草坪上晒太阳。

"贝茜,你看上去有些心事,发生了什么事?"洛克菲勒说。

"爸爸,是这样的,迈克递了辞职信,然而,我担心的是为何失去像他这么可贵的管理人员。两个月前凯西刚刚走,这就更令人担忧。我觉得很有必要调查情况,弄清他们离去的原因。"

"是这样,"洛克菲勒想了想,"据我的经验看,有的人仅仅是为了改变生活环境而换工作;也有人是性格不稳,不能一直在一个地方待下去;还有很多人是为了追求理想的工作岗位而成了'为观念所强迫的人'。这些人不管去哪个公司都是来了就走的'候鸟',对于公司来说,是时间和金钱的极大的浪费者。"

"这些原因,我也想过了,而且迈克他们与我的交情很不错啊!我升为总经理后,他却渐渐疏远了我。而我由于忙于公务,也没太注意到,现在就出现了这么尴尬的局面。"伊丽莎白抚摸着甜甜说。

"别着急,贝茜,与人相处需要高超的技巧,做一个好的管理者,更需要处理许多微妙的关系。

"作为公司的首脑你必须掌握职员跳槽的一切原因。在这个基础上,你要尽可能地消除公司里存在的跳槽动机,这样才能挽留踏实可信的部下和良好的工作环境。并且,对你的职员要积极支持他们的成长,完善他们的工作环境，给他们提薪。如果他们知道你已为此尽了最大努力的话，他们就不能不对跳槽有所犹豫吧。

"依我看，工作得不到充实感——对报酬、公司所在地、上司等产生不满——常常成为跳槽的主要动机。如果干了一天的工作却没有充实感的话，对第二天的工作应当不会有多少兴趣和热情，这种状态是兔子的尾巴长不了的。优秀的管理人员不会放松观察，以免部下之间扩散不安定的心态、厌倦感和不满情绪。最近辞职者一个接一个的惟一原因或许在于你本身。"

"爸爸，如果您不提醒我的话，我还真没意识到这一点。我已经被各种杂务搞得焦头烂额了。"伊丽莎白愧疚地说。

"这是许多身居高位者常常忽略的事情，即忘了与下属常常沟通思想。因为你不会'读心术'，所以你可以每几个月征求一下部下的意见，问问他们对你平时的工作方法是否认为有该改进的地方和该改善的方面。许多优秀人才没有说出自己的意见，或公司没给他们解除不满的机会就走掉了。

"早年我为别人的公司服务时，我部门的一位现在完全成为老手的成员，说她工作过于紧张，似乎干不下去了，并递交了辞职报告。她认为与其被解雇，不如自己辞职好。幸亏我及时了解情况，知道她对自己所担任的工作完全是误解了。她感到自己的责任比公司对她的期望重大得多。她放心地走出我的办公室，我作为上司也放下了心。因为我挽留了一个部下，她今天已是那家公司培养出来的最优秀的职员之一。

"一般说来，年轻人，尤其是销售部门的人，有一种向着目标迈进的顽强个性，如果看不到晋升的希望，马上就想调动工作。因此，对你队伍里的每一个成员的情况，你都要频繁地定期地进行观察，以便及早发现。或许凭着你的一点鼓励和个人的支持就能够纠正他们的不满，这是很重要的。

"也有的年轻人在得知同事、朋友或者同行的熟人升级后就晕头转向。作为瞬间的反应，他们认为自己没别人聪明，容貌也不佳，没有魅力，或者认为不像别人那样有成绩，一定是因为工作不适合自己，公司不适合自己。也许完全是那样，但是如果并不是他们所想的那种，你就必须说服他们，使他们理解：技术知识、热情、努力以及诚心一定会得到回报。但是一定要有机遇，并不一定能按照他们所预想的或希望的那样得到回报。

"莎士比亚曾写道：'我们知道自己是什么，但不知道自己今后成为什么。'你很有必要仔细了解自己队伍里的每个成员，和他们一个一个地或全体小组成员谈心，问问他们将来想干什么。这样，你作为公司的管理者，虽然不可能指望全体的优秀部下一辈子支持你，但是如果常常关心他们的利益、雄心和幸福的话，我想可以把大多数人留在你身边。希望你能领会这一点。"

洛克菲勒的分析十分透彻，伊丽莎白十分信服地点着头。

21
成为一位出色领导者的要领

小约翰被同行推荐为商会会长,可他认为自己只有32岁,恐怕难以胜任。

靠在沙发背上的小约翰向前倾了倾身子,说:"我被选为同业的商会会长了。"

"这是一个喜讯啊,你真是年轻有为。"洛克菲勒赞赏道。

一时间小约翰竟有些腼腆起来:"爸爸,我刚32岁,担任这一职位恐怕不太合适吧?"

"哦?你怎么会有这种想法?我应当向你表示祝贺哩,你才32岁,就受到广大会员的拥戴,真是荣幸之至。我像你这么年轻的时候,恐怕还是个没人注意的毛头小子呢。"

"可是,爸爸,我的前任托玛斯76岁,我和他差得太远啦。"

"你可不要有这样自卑的想法,小约翰,你的同行会员既然推选你为会长,那他们肯定认为你的年纪够大,否则他们就不会推举你,你一定不要总是去想自己有多大。农场后面有一个男孩在证明他能做大人的工作时,他就成了大人,而这跟他过了几次生日没有关系。这对你也适用,当你证明你能做好会长时,自然就变得够老练。

"即使前任比你年长,也并不意味着你不能成为一名才华出众的领导者。你的许多前任只是同行的友人出于好意推选出来的,在他们的任期中,本行业因之陷入不利之境地的事情,亦屡见不鲜。如果我跟你说,在过去的会长中,有人甚至连把母牛牵进牧场都办不到,你一定会为此大感惊奇吧。"

"真的吗?不会吧。"小约翰爆笑道。

"所以，你根本不必为此而担心，你所应做的就是充分地拥有自信，学会运用感人的领导艺术统御商会。具体到做法呢，你应当遵循下列三个原则：第一，领导者要以非凡的气度和美的外表形象感人；第二，领导者要以高尚的人格来感召他人；第三，领导者要以实干精神和以身作则的作风感人。

"当然，我以上所说的理论实际上只是一种总结，好在你已经做过几年经理。但是商会可能是一个新领域。"

"你不必考虑过多，约翰，"洛克菲勒摩挲着茶具说，"就我而言，各个领域都是相通的，你的领导能力不应受到如此的局限。如果你想从人际交往中得到真实的情感体验，就应当在领导商会的过程中，使自己的聪慧、自信、能力，以及善待他们的良好特质形成一种吸引人的光芒。如果处理好人际关系，这光芒便会使你周围的人产生一种向心力。"

"爸爸，我在经办许多大事时需要亲力亲为吗？托玛斯向我交付工作时特地强调了这一点。"

"你要尽量如此，尽量做好决断，不可回避自己，不可将此呈交给特别委员会的委员长。在充分理解难以应付十分棘手这一点的基础上，对任何意见与决定都必须盖上你的裁决大印。这样一来，也就无须与他人的意见相左。但是，若因此而认为完成了领导者的任务，还是无法回避这类不太融洽的事态的。

"领导者要以敢于、善于承担风险的经营风格感人。这是领导者有力量、有胆识的表现，同时，这种风格也是感染部下和员工的领导艺术。

"能使整个集体运作起来，你才会被人视为领导。一个优秀的领头人当以身作则，树立榜样的作用，带领大家前进。即使只有5分钟，你要是让掌舵的手休息了一下，其他人也纷纷效仿。而且在你根本没有觉察的时候，问题就开始堆积如山，向无望之海崩溃、坠落。因此，要求一切从你自身开始带头，要求全体有关人员，拿出聪明才智，做出最大限度的努力。"

"那么，爸爸，我需要最后确定一下。"小约翰搓着手，"您是说，我的年轻的确不应成为我就任会长一职的障碍，对吗？"

"你还在担心你的年轻？约翰，年轻绝不是一项负担，除非是年轻人自己这么认为。许多年轻人觉得他们被自己的年轻拖累了。没错，如果有人怕自己的职位受到威胁，他可能会用'年龄'或其他理由来阻挡你。

"但是那些实力派的人物就不会这样做了。他们会把他们认为你能承担的责任，尽量放手交给你。这时你就要积极地发挥你的能力，证实你的'年轻'是一项有利的筹码。

"你取得成功的比例，将取决于在你的会长任期结束时，你所开创的一切在怎样的程度上后继有人，这才是真正的试金石。同事们赞扬你的努力的话，你就要诚恳谦让地予以接受。人真正的本性，在接受表扬时，往往能看得一清二楚。"

"那么，您是说，当我卸任时，或许会像托玛斯那样被认为是个很不错的会长喽？"

"你一定会的。"洛克菲勒鼓励道。

22
犹豫一刻可能错失千金

巴黎新产品博览会上,伊丽莎白本踌躇满志地要夺得产品专卖权,但因她的决定晚了1小时而痛失良机……

洛克菲勒听说公司在欧洲新产品专卖权的竞争中落后了,感到很遗憾,他尤其感到遗憾的是伊丽莎白失利的具体情况。可以做个形象的比喻,他们是在跑道内侧的有利线路上跑,占最先进入决胜点的优势,但由于伊丽莎白的重要决定晚下了一步,就在最后冲刺的关键时刻使胜利落空了。

每当这个时候,伊丽莎白第一个想到的人就是父亲。她与父亲通起了长途电话。"爸爸,约翰已经把博览会的事告诉您了吧?欧洲的这个公司如此匆忙地指定美国代理店,并没有事先告诉我。我以为可以在时间上充分考虑之后再做出必要的决定呢。"

洛克菲勒在电话那边说:"不要着急,贝茜,不管怎样,你已经尽力了。不过我只是想对你说,从事商业的人常见的重大缺点之一就是缺乏迅速、果断的判断力。如果放任缓慢的意志而优柔寡断,其时间的浪费和低效率会给公司带来极大的损失。

"在企业界没有成功的完美方法,但在这复杂的拼图游戏中,可以说,经过检验、证实了的众所周知的最基本的方法有二三点,果断力是其中之一。另一点是,如果最后拍板的人是你,而又只有你一个人的时候,你就要确认这个事实。做决定,尤其是做出迅速的决定,这一向是挑战。挑战越大,机会就越大。实际上有许多这样的机会从过分犹豫的人眼皮底下溜走了。他们对情况不做系统的整理,也不做出建设性的结论,而是担心、着急、磨时间。绝大多数人,大概都没有听说过人们自古以来在做重大决定时常用的一种简单方法，或即使听了也当耳边风。"

"爸爸，这是什么方法呢？"伊丽莎白急切地问。

"其实是很简单的方法：收集所有的真实情况，分别打上'＋、－'符号，然后就只需要一张白纸、一支笔和一点时间了。在白纸的中间画一道竖线，一半记'＋'号，另一半记'－'号，然后把你所收集到的资料填到合适的栏目上，按得分表的要领记分。要仔细评估两个栏目上的各个因素，在旁边以1—10的评价记分，再合计各种得分。如果有一边的分数比另一边分数大得多，你应该决定的方向就很明显了。或者倒过来考虑的话，是否有必要全部重新分析或再次估价就很明显了。

"在做结论以前，或做出结论以后，丝毫也不要把时间浪费在不安和焦虑上。做出决定的时候，担心也就到头了，也就战胜了挑战。坚定意志是人生的药剂。一旦做出了决定，就不应该回过头来想，又焦虑不安，或又担心起来。这也是南北战争时期美国总统林肯的信念。"洛克菲勒语气平和地安慰着处于巨大的失败压力下的女儿。

"我不得不承认，我失败了，爸爸。或许我应该辞职。"伊丽莎白的情绪仍然很糟。

洛克菲勒顿了顿说："这不是一个经理的做法，这是一个很平庸的女人的做法。你应该冷静下来，仔细分析一下。害怕失败，优柔寡断的态度是主要原因。但是，与其默默地看着这个难得的机会从你的办公室的窗户外面飞到竞争公司去，倒不如试过之后再失败的好。我敢肯定，能以消极的态度管好企业的先例是没有的，关于类似的动摇和踌躇也是一样的。所谓从商就意味着下决心，尝试新的想法，赌一赌，抓住机会，赢——甚至输。不管是什么冠军，都不可能保证自己永远胜利，只不过取胜的时候多一些罢了。可是，经常因害怕失败，就连试一试也不敢，怎么能取得胜利呢？在企业界也同样，就像一个幼儿，大胆地迈出的第一步，很快就会成为接近胜利的目标的、毫不畏惧的巨人般的一步。

"商场上的竞争是残酷的。不过，你没有抓住新代理店权利的机会，我感到十分遗憾，但是过不了多久你会把这次失败看作是人生一大进步的。这是因为，有了这次经历，在你的许多优点中，尤其是加强果断的重要性方面，你会了如指掌的。

"这是一次严重的教训。正因为它的严重性，才增大了你下次成功的机会，这种喜悦将越来越甜美。值得庆幸的是，如果你有意的话，将会游来很多很多比这次跑掉的更大的鱼，但愿你会赶紧去钓它，下一次可千万别让机会溜掉。"

一个漫长的越洋电话终于结束了，伊丽莎白觉得空气中充满了爱的电波，巴黎的夜景真的很壮观。

23
无诚信者将在企业界无处藏身

小约翰负责推销任务的那家大公司的主管,打算让其私下给他现金作为回扣,才和小约翰签约……

"爸爸,我为了得到这个顾客,长期以来拼命地干,终于努力做到了这一步。现在为了最后能签订合同,我想或多或少给他一些贿赂。"小约翰来到父亲的书房,与父亲聊起了此事。洛克菲勒摇摇头说:"如果你真去干那种事,才是真会招惹到不堪设想的麻烦。

"首先你就帮了这个人对自己的公司进行盗窃。如果供货厂商能提供这种性质的资金,对于他的公司来说,就应该是节省经费。不能让这笔钱作为贿赂落入这个管理人的口袋里。他很明显是在玩忽职守,他欺骗了公司,他利用那种方式,进行诈骗。帮助这样的人,唆使他干坏事,就连你本身也骗了人,撒了谎,也是在进行诈骗了。你想做那样的人吗?对这个人的提议就不要去考虑了,以其他正道赚钱吧。

"你在商品交易中,这种情况大概不会是最后一次吧。一般的经营者都是以正当、直率的手段扶持公司,提高效益。但确实也有不是那么正直的人,有的人认为'名誉不如财富重要',他们高举的标语是和我们相反的。然而,世界不会宽阔得能让企业界无节操的人长期藏身,不能受其影响而将自己的信用置于险境。

"我最近和朋友聊天的时候他问我,在商界生存最重要一点是什么。我毫不犹豫地答道,是诚信。我认为,具有诚实的人格的人,就是有道德且品质高尚的人。也就是说,他在日常生活中总是正直、坦率的。在企业界,具备这种品质是带来长期成功的生命力。我想提醒你,不要把诚实说成是一种白送的礼物或最贵重的优点之一，而要把它看成是生命力。这是带来长期性成功的真正的'生命气息'。的确，相当多的人不想诚实地进行商品交易，而且那种人看来似乎多数都是每次背叛别人后就逃之夭夭。可是根据我的经验，你很快就会明白，那些人不可能会永远这样混下去。在企业界，没有比欺诈和违反道德伦理的商品交易的消息传得更快的了。"

"您是从来就这样教育我们的，但事实上有时我们也必须与现实妥协。"小约翰苦恼地说。

"约翰，诚实和慈悲心同样，不正直多半是由家庭开始的。最初形成孩子性格的是父母，不是别人。很遗憾，如今的父母一般出于对孩子的一片好心，多数采取这样的教育方针：与其说是叫孩子'学学我'，不如说是让孩子'按照我所说的去做'。如果可以说百闻不如一见的话，行动——父母示范的榜样——对孩子恐怕有10倍的说服力。如果你以各种方式表现出奸诈的行为，如在餐馆结账时，服务员少算了钱对自己有利就高兴，这样怎样教孩子正直也是白搭。有许多父母由于自己本身的行为，不知不觉地以细微的方式教给了幼小的孩子怎样撒谎、骗人。

"长期以来，我把保持顾客、职员、供货单位以及银行关系户的信用作为个人的信条去严格要求管理人员。我们的公司也是以这个方针为基础建立起来的。我们为了获得这一信誉经过了长期的努力，我个人也为此感到自豪。作为一名管理者，不损害这个信誉也是你的重要责任之一。信用有着不可估量的价值，你也应像我长期以来所感觉的那样，当自己不是欺骗对方，而是设法战胜对方，诚实地去迎接企业的挑战时，一定感到精神焕发吧，这就是守信用。要加强你的公司的信誉，让别人评价说这是一家可靠的公司，就不要忘记你本身和在你手下工作的职员的诚实。

"古希腊的哲学家第欧根尼说过：'我在寻找正直的人。'爱尔兰哲学家乔治·伯克利也说过：'诚信是人人都高举的标语，但实践的人是很少的。'诚信也许确实是极少数人所拥有的财富。在企业界，信誉是奸诈的人不管赚多少钱都买不到的，他们无法体验赢得它的乐趣。让我们用自己的方式去赚钱吧。"

小约翰信服地点点头说："我知道该怎么办了！"

"你要对策划那件坏事的管理人员说，不能接受那样的交易。你在这个城市是以最廉价、最大的优惠提供最优质的产品的，作为提供原料的同业者，当然有资格和他们的公司进行交易。或许他们会良心发现，并公开竞争，接受你的契约。好，不要多想了，现在我请你到这个城市里有最好的香槟酒的饭店吃晚餐。"

过了一会儿，父子俩一齐开车消失在夜色中。

24
男权主义和过度女性解放都应摒弃

面对男性同事的骚扰,伊丽莎白有时真是忍无可忍。在一次例行的家宴中,她向父亲讲述了自己的苦衷。

"爸爸,他们有时真的很过分。他们在工作单位有时叫我'宝贝儿'或'亲爱的',有时'亲密'地拥抱我,公然向我求爱,并且有时也开下流的玩笑或对我个人及全体女性假装天真幽默实则讽刺。"

"哦,我机智聪明的贝茜怎么也碰到那种事情呢?我绝对忘不了听说你打了一个漂亮的胜仗而捧腹大笑的情形。在公司,一个男同事当着你的顾客的面毫无顾忌地叫你'宝贝儿',而你反过来叫他'心肝儿',以后他对你的态度很快就改变了。有一次,你在被一个上司拍了一下屁股的时候,你毫不客气地立即反击一掌,聚集在办公室的全体女性为你喝彩。当然,也有以开玩笑解决不了问题的时候。某个推销员纠缠不休地向你求爱时,你不得不报告董事长。某个男性以他'有家属比你独身的生活花费多'为理由,在加薪上拉大与你的距离的时候,你只能默默地接受。"洛克菲勒半调侃似地对女儿说。

"那些事还不算什么呢!主要是工作方面存在许多不平等!"伊丽莎白看上去已被压抑很久,她愤愤地说。

洛克菲勒信手从花瓶里抽出一支新鲜的红玫瑰,送给了女儿,笑着说:"你经过长期努力,克服了一切讥讽和不平等,终于与公司董事会的男性并驾齐驱。你原以为位居企业界上层的男性会好些,没想到还要与他们心胸狭窄的偏见做如此激烈的斗争,可见偏见比以往还要多,只是偏见的种类不同罢了。

"不知你想过没有，有谁保证过什么时候，企业社会会成为玫瑰花园呢？不管问谁，恐怕都会立即回答，女高级管理人员在企业界不论爬到什么地位，对于女性的差别待遇都不会魔术般地消失。特别像现在，在企业界活动的大部分人是男性，这种偏见今后也不会消失。你只不过是最近迁入男性王国的移民而已。今后这种情况肯定会长期继续下去。"洛克菲勒竭力让女儿的情绪变得平和。

"我恨透了男性优越主义，已经不想再忍受了。我真想永远离开企业界。"伊丽莎白愤愤不平地说，"我不能理解男性为什么这么心胸狭窄，憎恨女性进入主流社会呢？"

"这一点恐怕我也解释不了，厚颜无耻的男性优越主义，虽然隐蔽起来了，但它根深蒂固，仍然没有衰退的迹象。过低地估计女性的智能，是许多男性所犯的错误。女性的许多优秀、有益的设想恐怕就因此才未见天日。而女性希望自己的设想得到世人公平的倾听，顽强地坚持自己的主张时——正如你所经历的——常常被说成是'强行的或好战的'，有时还会有更难听的话。与此相反男性们同样主张自己的构思时则会受到同性的赞扬，这能说是公平的吗？关于这一点，我也解释不了我们许多同性心胸狭窄的问题。"洛克菲勒也很无奈地回答。

"我不会轻易放弃付出这么大牺牲争取来的位置。"伊丽莎白倔强地向父亲表白。

"好样的，贝茜，如果你下定决心，你就应该忘掉所有的气愤憎恨，我认为这种精神是最重要的。干脆把这当做一项业务，再发起挑战吧。

"为此，不管别人如何企图阻止你参加重大决策，干预你的设想——在任何情况下，你都不可动摇，你要顽强地拿出周密的计划和意见，直到对方接受，做出公正的评价为止。你要常常保持稳重、严谨、公正、幽默感——你的独特气质。

"做一个优秀的管理人员，以无可非议的行动，你很快就会抓住你圈子内的、像你一样的真正的勇敢者的心理。并且有朝一日，就连那些天生的男性优越主义者也会向你学习。如果将对工作的热情和忍耐力相结合，胜利必定属于你。

"在任何社会都有一两个坚信只有男性才能推动这个世界进步的顽固分子。为了使我们的公司最大限度地繁荣起来，如果你的部下有那样的人，你必须把他轰出去，换上不受偏见限制的聪明的人才。

"另外，随着地位的确立，你也许想让男性也多少尝尝你长期以来忍受的苦恼。拜托了，希望你不要陷入这种误区。过度的女性解放运动和男性优越主义一样讨厌。因为两者都会给任何事业带来时间、效率和利益方面的巨大损失。"

洛克菲勒用坚定的目光注视着女儿，深情地鼓励着女儿。

25
用心面对平平淡淡的婚姻生活

刚刚参加完父母的宝石婚,伊丽莎白的婚姻却出现了小小的危机……

星期六,洛克菲勒去伊丽莎白家,却没有见到她。她丈夫查尔斯说,最近星期六她都在公司度过,而且星期日晚上也常常在公司过。洛克菲勒听得出查尔斯的语气中流露出不满的意味,尽管他有十二分的心意和自己的女儿平等地分担对家庭的责任,然而迄今为止他一直承担着不平等的负担,这一点谁都看得出来。

洛克菲勒到公司找到女儿,约她一起吃饭,并想乘机同她好好谈谈。可他惊讶地发现伊丽莎白对侍者表现出鲁莽、粗暴的态度,与平时彬彬有礼、温柔体贴的她判若两人。洛克菲勒觉得女儿最近的情绪很不好,这表现出她满脑子都是工作,以至于对日常生活中必须尽到的其他责任,如感情、欲望等都不在乎了。

"爸爸,我现在总是很烦躁,尤其是回到家。查尔斯越是对我好,我越是讨厌他,怎么办呢?"伊丽莎白垂着头,向父亲倾诉着。

洛克菲勒握住女儿的手说:"贝茜,我想我不仅仅作为你的父亲,也作为一个了解后悔的人衷心地劝告你,要注意危险信号。请你后退一步,仔细查查原因。工作渐渐地占去了你大部分的时间,尤其像在买卖和市场交易的'无边无际'的领域里,这种倾向更为严重。的确,我平时劝你要想晋升就要勤奋工作。但你过分地恃宠于亲人的好意了,尤其是查尔斯的支持、协作及爱情。成功、知识、经验都不能在这种错误中保护你,谁也保证不了你不受其害。

"恕我多管闲事,由于我在这个世界上比你多活了30多年,我胆子也大了。我想顺便把问题追究到底，再提两三点意见。这段时间，查尔斯一直配合你的情况安排自己的工作时间，并且在你为公司工作的期间，他承担了80％的家务。一对好伴侣在有紧急和特殊情况时，一人不惜负担起两人的责任，这个时候一般彼此都无条件地乐意代劳，这就是同甘共苦，所谓婚姻生活就是这么一回事。可是，不管是多么爱妻子或丈夫，永远承担不公平的责任的配偶恐怕是没有的。如果你认为你的丈夫是主动地承担起责任的话，那是因为你的目光还不够明亮。"

伊丽莎白摇摇头说："无论如何也找不到当初的激情了。您知道，当初我和查尔斯是多么地相爱呀！"

洛克菲勒从女儿的眼中读到了几许失望。"这个，我怎么说呢？我与你母亲的婚姻算是美满幸福的，可大多数时候我们的生活还是很平淡的。

"然而，我偶尔也会看到几对老夫妻，他们在一起时看上去是那么地容光焕发。他们似乎真的是生活在爱河里，而不仅仅是相互依靠和容忍对方性格上的缺点。这种情景真是让人震惊，因为对我来说似乎是根本不可能的事。我不禁问自己，对于对方的不良习惯以及这么多年单调的生活，他们是怎样忍受下来的？当我们大多数人好像对伴侣感情淡漠、难以相处的时候，是什么使他们依旧彼此深爱着对方？

"我希望婚姻是一种转化。爱情就像一粒种子，到时它就会成长、开花。我们不知道开的是什么花，但是肯定它会开花。如果你的选择是精心而明智的，爱情的花朵将会是甜美的；如果你选择的时候不用心或判断错误，爱情之花就不会完美。

"对于婚姻的负面转化这一现实，我们总是无可奈何地接受。在我年轻的时候，对于这种负面转化，总是感到害怕，因为它让我想起了婚姻的痛苦。实际上，我认为爱情在初期是激情万分的，但它以后却不可能变得更强烈、更有意义。我所相信的是这种激情的力量，担心的是它冷却后会带给我的失落与苦涩。

"但是的确也有积极的转化。就像消极转化一样，积极转化也是来自于一些小事的积累，小事就是对爱的理解逐渐深入。它会使爱情升华，而绝不是可以使人致死的千万次的打击。这种积极的转化就是两个人的生活交织在了一起。两个不同的人、两种不同的风度、两种不同的意识走到了一起,并一起分享生活。他们看起来各自不同,其实早已融为一体。双方对生活都有了新的认识,我曾经担心的爱情的枯萎和生活的束缚并没有出现。"

洛克菲勒的这番悉心教导冲淡了女儿的困惑。"或许真是这样,"伊丽莎白将目光投向窗外,"我应该与查尔斯出去度一次假了,我们好久都没有享受两人独处的时光了。"

26
勇于倾听部下的不同声音

小约翰销售部下属的业务主管维奇，跟小约翰发生了冲突而辞职不干了……

今天，洛克菲勒突发奇想要去公司看看。

"对了，"洛克菲勒问了一句，"怎么没见到维奇？他不是你这部门的主管吗？"

"他呀，他一个月前就辞职不干了。"小约翰漫不经心地回答。

"真的？"洛克菲勒显得很吃惊，"为什么？"

"他不想做了啊！就是这样。"

洛克菲勒坐了下来："约翰，我是认真地问你的，希望你能严肃地回答我的问题。培养一个职员直至他们能上岗工作，得花费不少资金。若是不断辞退刚刚训练完毕的职员，那么公司的利益就会被训练职员这一项所占去。为了维护部下的士气，要创造一个良好的气氛，也是必要的条件之一。"

"爸爸，我没想到您的反应会这么强烈。那天，我提出了一个计划方案，维奇当然又要反对，自从我接管销售的工作，成为他的顶头上司以来，我每提一个方案，都会无一例外地遭到他的反对。这次他又故伎重施，我再也忍不下去了，就同他吵了起来。当时我们俩人都很激动。两天以后，他交了辞职报告就走了。"小约翰耸耸肩说，"就是这样。"

"约翰，我认为在这件事上，你的处理不够慎重。维奇在我们公司做了13年，他忠于职守，是一位勤奋刻苦的职员。这一点谁都没有怀疑过。"

"可是，爸爸，一直以来，他给我的感觉就好像是一条暗藏的毒蛇，准备随时随地乘人不备咬上一口。"

"噢，约翰，我没想到你竟会对他有这种印象。在我直接管理公司的销售部门时，他虽然有些方面有点古怪，却是一个十分重要的职员。或许是他的奇怪的脾气使你很反感，造成了反目为仇的原因吧！

"在企业运行的过程中，在对待下属员工时，千万要记住，不管你喜欢他的个性也好，不喜欢也好，也不管他个性乖戾、孤僻也好，温顺、柔和也好，都不必过多地考虑，要把注意力集中到他的工作业绩及工作态度上。而一个职员一天一次还是一千次擤鼻涕都不成问题，只要不是给他人造成麻烦的、令人不快的，或者是特别古怪的脾气，都不应成为辞退他的理由。在我们每个人身上，都存在着不少的各式各样的有时甚至是特别古怪的癖好。

"维奇先生辞职的理由如果你认真地评价一番的话，会发现受益良多。我只是听你反映他的出格的脾气，似乎怎么都不能让你称心如意。你要知道我们是一个企业，而性格分析是我们的外行，这一点你切不可小看。维奇在我们公司工作了13年，这期间没有一位其他的职员向我反映过对他的不满，这一事实应该敦促你不断反省。"

"可是每次开会，他总是对我提出的意见说长道短，要不就是一脸的不屑，这实在让我受不了。"小约翰依然耿耿于怀。

"约翰，你不要忘了，一致的意见不见得就是最好。当下属对你的方案无异议时，并不能认为这项方案就是完美无缺的。在这个时候你切不可沾沾自喜，反而应该鼓励下属，让他们敢于提出相反的意见。一个方案——即使是挺不错的——只有不断改进补充，才能更上一层楼。良好的方案往往不是由互相容忍得来的，而是争吵的结果。

"你我都清楚，维奇是一个真正的恪尽职守的员工，只要花一定的时间，很多性格都可以相互磨合。况且你跟维奇一起工作仅有4个月的时间，也许再过4个月你会对这个人产生更多的好感。到时候你就会以不同的观点评价这个人了。

"对宝贵的有经验的老员工，你是否以你自己的所为所好作为基准呢？只要偏离了你的标准就看不顺眼，那么公司是否有失去他们的可能？这是我心中的一大疑问。如果这是事实的话，那么我就得在你将公司劳力全部解雇之前，提早把你送到精神病医生那里去。"

"您太夸张了，爸爸，恐怕我还没有那么严重吧！"

"约翰，对于我们这种企业集团来说，经营光芒是灿烂的，还是暗淡的，这完全取决于公司的人才培养与如何使用的问题。从根本上说，经营始于人，也终于人。育人、用人，成为企业家事业成败的关键所在。因此有必要研究企业家应该具有什么样的用人心态。

"第一，企业家要确立'公司里没有不称职的人'的人才观，才能在用人上做到人尽其才。第二，企业家在选拔、使用人才时，要树立公正、民主的心态。第三，企业家在用人上要有'看人长处、容忍短处'的宽宏心态。第四，企业家还要有不避用仇人的用人心态。第五，企业家在用人上还要有感恩的心态，才能在人才中形成向心力和凝聚力，使事业兴旺发达。

"总之，约翰，员工是宝贵的资源，不可将他们跟青砖、红瓦、泥灰等建筑材料等同对待，也不可将他们跟机械设备一样对待。"

"约翰，"过了一会儿，洛克菲勒说道，"我并不是想干预你的事务，可能我的这一番说教会让你深感厌倦。"

"当然不会，爸爸，正相反，您的这一番话让我受益匪浅，我想以后遇到类似问题时，我会按您的教导去处理的。"

27 天赐特权：为人父母

伊丽莎白顺利生产了，洛克菲勒看到伊丽莎白的女儿感到欣喜万分……

洛克菲勒欣喜地看着初生婴儿的粉嫩的小脸、她稀稀的头发、明亮的眼睛。回想起伊丽莎白和小约翰小时的时光，不禁感慨万千，他回想起一首诗来：

这是我曾经抱过的小女孩吧？

这是我曾经和他游戏过的小男孩吧？

自己不知不觉地老了，

你们俩什么时候就长大了？

那女孩什么时候就变得这么美丽了？

那男孩什么时候就长得这么高了？

你们俩都小的时候，

不还是昨天的事吗？

婴儿一声清脆的啼哭打断了他的思绪。伊丽莎白抱过小宝宝，却重重地叹了一口气："爸爸，我可能得有相当长的一段时间不能回公司上班了！"她对洛克菲勒充满内疚地说。

"哦，贝茜，处理好养育孩子与职业的关系，这是任何男女都应该比选择职业更优先考虑的一个方面。也有些夫妇决心不要孩子，回避一切问题。确实，没有孩子也许可能度过满足、幸福的一生。但是，作为你和你弟弟的父母，多亏了和你们共度愉快的生活，我们不能不认为，你们俩给我们带来了任何东西都不能代替的喜悦。

"许多心理学家说，长大成人后情绪上的安定——或不安定——几乎在

3岁以前就形成。在这期间，能否感到爱，是否平静、满足，或神经质地感到不安，这些都有很大的影响。

"也有许多夫妻，不得不双双在外面工作，可是若你有自信的选择的话，那就要中断几年，亲自抚育孩子，等孩子到了学龄期，感到不太困难，或没有多大不利条件的时候再恢复工作。如果是在幼儿抚育期间能以某种方法或形式在家里继续工作的职业也许更理想。你母亲在抚育你和你弟弟期间，辞去了广告公司的高级主管职务，当一个没有固定收入的撰稿人。但是，这纯粹是个人问题，应该在夫妇慎重考虑后再做决定。

"我告诉你，为人父母，是天赐的特权，是最高的地位。然而，有时也要做比任何职业都更顽强的工作。"洛克菲勒慈爱地望着外孙女的小脸蛋说，"贝茜，头几个月你也许觉得精疲力尽，能力的限度受到考验。你的'新阳光'——孩子——不会在你往日睡觉的时候睡觉，肚子饿了还会哭叫，还会频频地要求你为她换尿布。你会满足她的要求吧？上帝就是为了这个才赐予母亲绰绰有余的忍耐力的。而有一天你会发现，你的这位极好的女儿，在你们夫妇俩的温暖、永恒的慈爱中成长为一位美丽出众的女性了。

"在漫长的岁月里，毫无疑问有为孩子吃苦的日子。但快乐的日子很快就会来临，有许许多多的喜悦在等待着你。如孩子头一次在脸上露出'笑容'时，即使告诉你孩子'打嗝儿'看上去也像笑，你也绝不会不同意吧，孩子长出第一颗牙齿时的喜悦，孩子危险而大胆地走第一步时的喜悦，孩子自己系鞋带时的喜悦，还有孩子头一次看见圣诞老人时的喜悦。但是，不要只是体验所有这些成长阶段的乐趣和新奇感；为了孩子的成长着想和努力是父母应尽的责任。

"有时候，为了得到满意的结果，作为一种手段可以考虑'行贿'。不错，是贿赂。坦白地说，我对你和你弟弟都干过好几次。作为我的想法，干好事的话一定有好的回报，这是诱使这种做法的原因之一。但是，如果有时借助于'挂在鼻子尖上的胡萝卜'，你和你弟弟能够达到看起来困难的目标的话，那对于我们家里的全体成员来说，都是一件大喜事。可是，如果你一定要采取这种策略，希望只是偶尔玩一玩，或作为一种挑战。不要过分，必须谨慎行事，绝不能作为惯常报酬来期待着。

"作为你和你弟弟的父母，如果把我和你妈妈共享的快乐回忆写成文章，会把好几册笔记本写得满满的。在你两岁生日时你把巧克力蛋糕涂在脸上，你用玩具烤箱烤的小蛋糕是你弟弟最喜欢的东西。你试用过你妈妈的化妆品，穿过妈妈的高跟鞋。还有你弟弟学校的庆祝盛装游行，你们学校的毕业舞会。还有，你头一次在百慕大真正'幽会'时，你妈妈和我都为你大吃一惊，感到你忽然'像大人样儿了，美极了'。"

"真的吗？"听到这里，伊丽莎白一手握住父亲，一手抚摸着女儿的小脸蛋笑了，笑容很像墙上的圣母像。

28
善待自己,善待自己的一生

洛克菲勒的一位好朋友,也是多年的合作伙伴去世了……

一进客厅,小约翰就看见父亲坐在沙发上,两手支着太阳穴,埋着头。"出了什么事,爸爸?"小约翰急忙走了过去。

洛克菲勒伸手把儿子拉到自己身边,"是有个坏消息,"他的嘴唇哆嗦着,"你的班叔叔死了。"

"怎么可能!"这个消息无异于晴天霹雳,小约翰确实吃了一惊。

"他死于心肌梗死,今天上午10点,玛丽来的电话。"

班的形象是美好的。小约翰的眼前立刻浮现出他的样子来:身高1.80米,体重100千克,他的面孔崎岖不平,好像是花岗岩绝壁。他早年和洛克菲勒一样,都是白手起家,而现在他的事业也相当庞大。他是洛克菲勒最早的合作伙伴之一。

参加完班的葬礼回来,小约翰见父亲正在翻看他的旧影集。"坐吧,约翰。"

看了一会儿,洛克菲勒合上了影集,转向了小约翰:"儿子,世事真的无常啊。由此可见,拥有身心的健康对我们来说是多么重要。人的生命应当依附于身体,借此才能展现人生中多姿多彩的一面。人在青春韶华时,就应为自己的健康负起责任。人们都认为自己有一个健康的体魄是天理使然,进而虐待它、劳作过度、伤害它、粗暴地对待它,就成了人之常态。"

"是啊,"小约翰深有感触地说,"也许这是因为我们没有理解恩赐莫深的主将我们创造得何其纤毫不爽、精致无比,且不对此心存感激。不过,现代人所受的压力也确实太大了。"

"约翰，很多人在压力过多的生活中，往往深陷其中不能自拔，针对这种情况，要开的处方很多，而其中的大部分，都是能够自我调制的简单处方。"

"处方？我认为根本的处方还在于个人，至于人们所感受的压力、抱怨、焦虑，都是自心而生的一种感觉，如果一个人能认识到这一点，或许他就会真正地控制自己。如果一个人不能控制自己，那他永远是自己精神的奴隶。"小约翰拿过父亲的影集慢慢地翻起来。忽然他指着其中的一张对父亲说："爸爸，这是你那次做完心脏手术之后，我们去夏威夷度假时的合影吧！"

"哦？"洛克菲勒凑了过去，在照片上，一家四口沐浴在夏威夷的温暖阳光下，洛克菲勒的精神很好，一点也看不出大病初愈的样子。

"你知道吗，约翰，20多年前的那次心脏手术在我的一生中留下了相当大的影响。

"记得那天下午，我在医生的办公室里被告知，一周前进行的一次每年一度的例行检查测试的结果，我被诊断患有狭心症，即心脏的冠动脉闭塞症候。可是我当时根本就不在意，那时我年仅40多岁。

"仅仅4天之后的傍晚，我正坐着阅读报纸。突然极感不适，胸膛里面像燃烧一样，全身直冒冷汗，简直像是要浇冷燃烧的热度似的。你妈妈对我的症状大为惊恐，立即叫来医生。

"经过两个小时的急救，我挺过来了。从此我住进了特护病房。在等待进一步的检查期间，我心里出现过各种各样的念头。一想到要抛下你妈妈和年仅13岁的伊丽莎白，还有10岁的你而去，我便心如刀割。

"我通过读书知道，不安和绝望无助于身体的恢复。这场战斗只能有两个结果：死亡，或者生存。我当然希望是后者。

"在进行手术之前，我记得的最后一句话是麻醉医生说的：'现在要注射了。请从10开始倒数。10、9、8、7……'

"接下来记得的，是女护士对我说的话：'洛克菲勒先生，请您醒一醒。'像医生所警告的那样，我身上插着令人眼花缭乱的管子。你妈妈看见我的时候，一定是吃了一惊。然而我打赢了这一仗。

"毕利医生对我说，手术圆满成功。两个多月之后，我便坐你妈妈的车子回家了。

"我知道自己还活着真是好极了。仍然拥有和家人一起度过的时间，以及享受这个世界上好多东西的时间，这让我欣喜不已。而我曾经面对死亡而没有恐惧，也是值得高兴的。

"从这次经验中我得到了几个重要的教训。第一，感到不舒服的时候一定要去看医生。本应可以听到有益的建议，却总不去向医生专家求助，直至病症发展到连世界第一流的名医也无计可施的状态的，实在是为数不少。

"另一个重要的教训，是我知道了死亡的恐惧是可以克服的。我因为年轻气盛，曾经数次临险。然而，此次患病之前的灾难，在尚未明白发生了什么之时，或者尚未发现有危险的时候，就结束了。"

"爸爸，您的经历真够惊险的。那时妈妈为了不让我们担心，在提到你的病情时总是轻描淡写。况且那时我和姐姐都还小，我们真的以为您的病没有什么大问题呢。"小约翰直到现在才知道父亲当时得病的严重状况。

"那次经历给我的教训最深刻的，就是要永葆身心的和谐，善待自己的一生；爱家人和朋友，知道其可贵之处，恐怕是无可比拟的良药吧。我们往往在濒死之时，才明白可爱的东西是如何地可爱，而事前就已明白这一点的人是幸运的。天堂是如此的美好，"洛克菲勒打趣道，"可是毕竟我去那里还为时尚早。"

29
独乐乐不如众乐乐

小约翰和几个朋友成立了一个为救助非洲贫困人口募捐的基金会，洛克菲勒对儿子的举动大加赞赏。

打高尔夫球休息时，小约翰对父亲说，"爸爸，有件事我想跟您商量一下。"小约翰开口说道。

"什么事？"

"我和安迪、华特，还有科比打算成立一个救助非洲贫困人口的基金会，我们4个人打算分别以各自的账户先捐助一笔资金，作为基金会的活动经费，然后我们要逐渐向社会各界募捐，号召有能力的人贡献自己的一份力量。并且我已经向董事会提交了申请，打算每年从集团的营业收益中抽取一定的比例作为基金会的活动储备金。"

"这是一件好事啊，"洛克菲勒很高兴，"我支持你，约翰。"

"我们集团的经营虽是为了赚钱，但赚钱不应成为我们经营的惟一目的，我们应当学会贡献，为这个社会，为其他人，贡献一份我们应有的力量。

"随着我年事的增长，我知道了为了在这个世界上生存，不少人是需要他人支援的。非洲的贫困人口是绝对需要国际援助施以人道主义的救助的，此外，社会上还有许多身体残障、低能等弱势群体需要我们去援助。

"遗憾的是，许多人终其一生不知道自己也有支援他人的力量，这种开心的体会从未有过，他们让多么开心的一刻溜走了！

"所以我想我们这个基金会要越早建立起来越好。"

经过一系列的筹备，1个月后，基金会正式成立了，小约翰被推举为基金会会长，其他3个发起者也分别担任基金会的组委会成员，洛克菲勒被特邀担任荣誉理事长。成立大会这天，商业界的人士、民间社团的代表，还有许多记者都参加了会议，并且因为这个基金会是为非洲贫困人口募捐，所以甚至国际红十字会也派来了代表参加。

大会开始时，主持人先请小约翰为大会致辞："我感谢今天到会的每一个人，因为你们的到来使我们的基金会又多了一份力量。

"也许很多人想问我成立基金会的源起，我想那是几个月前我看了一部非洲贫民的记录片，它让我深深地被震撼了。我在此之前是无法想象非洲难民的生活的样子的，可是那天我看到了，我知道了这世界上还有一些兄弟生活在水深火热之中。我想我们有能力，为什么我们不能帮他们一把呢？

"因此，成立基金会的念头一直缠绕着我。我和我的3位朋友商量过后，决定成立这个基金会，我认为我们这个基金会并不是慷慨的富人对穷人的施舍；它应是各阶层的人们奉献社会、服务他人的一种选择，它所得的回报是受援者一生的友谊和信任，是建立起社会公正和稳定的基石，这个基金会的价值和意义是金钱所不能衡量的。它提供的是金钱无法买到的人间温馨：关怀和帮助，友情与爱心。

"此外，我要十分感谢我的父亲洛克菲勒先生，他为我们的基金会注入了很大一笔的资金，并且他在精神上也一直鼓励着我们。"小约翰一直望着坐在嘉宾席上的父亲，"记得我在少年时，父亲就一直跟我说：'我们生活在这世间必有价值，也必有使命。看看四周，一定有你可以帮上忙的地方。因为你伸出了一双温暖的手，这世界上就少了一个哭泣的人。'"

会场上的掌声立刻响成了一片。最后，主持人请洛克菲勒上台讲话。

洛克菲勒走上台，以愉快的语调说："感谢大家莅临基金会的成立大会，有这么多人参加大会，我认为有爱心的人越来越多了。

"我想人生有两件事可当作目标，首先是得到你要的东西，然后是分享它。只有最明智的人才能做到第二点。到现在，我认为我的事业是成功的，我拥有了一定的金钱，我的集团规模也越做越大，但是我私下里认为，真正的财富绝不仅仅是拥有金钱，它还包括健康、幸福、充裕、富庶、丰富、开心、学习、知道自己要什么、机会、享受、平衡，以及分享。

"我从不认为我的财富是仅凭一己之力赚取的,诸位知道我是一个白手起家的人,我认为我的财富是神赐的。所以我想我、包括在座的各位都应当善用财富。不能好好利用财富。它就会变成我们的一项负担;利用财富胜于拥有财富。记得爱默生曾经说过:'金钱是一定数量的玉米和其他商品的代表。它是这么多温暖,这么多面包。'我想现在是将这些玉米和面包分享出去的时候了。我认为一个人的富有程度和他能放手出去多少事物成正比。将爱心传布于他人,是一件颇有价值的事,而这件事对施与者自己也有好处,'众乐乐会使喜悦加倍又加倍,因此,喜悦照亮我的朋友,也会回到我身上来;他的蜡烛越亮,也就更容易照亮我。'

"最后,我想引用《圣经·提摩太前书》中的一句话:'要嘱咐他们行善,在好事上富足,甘心施舍,这样,他们就为自己积成美好的根基,预备将来,叫他们持定那真正的生命。'谢谢,谢谢大家。"

洛克菲勒走下了讲台,会场上响起了经久不息的掌声。

后记

洛克菲勒的一生是辉煌的一生，是传奇的一生。他的成功必然有其特殊和必然的原因。有人说，洛克菲勒是窥见上帝秘密的人，他找到了成功的捷径。了解洛克菲勒的思想、信条和信仰就可以帮助我们少走许多弯路，开启属于自己的成功之门。

洛克菲勒在青少年时期就一向有自己的主见。他对别人的赞扬无动于衷，因而没有那种孩子气的虚荣心。家境的贫寒和母亲的教诲让他变得成熟、稳重，这个踏实的孩子能认准了目标便一干到底，丝毫不是出于小孩子的冲动。在这一点上他表现得与众不同。

他虽然平时很严肃，大部分时间都在看书、听音乐或者上教堂，但又不失机敏风趣，是那种在话语中出其不意地表现出来的风趣。

他具有父亲的胆大妄为和他母亲的谨慎小心。从不对别人的轻侮耿耿于怀，而是把眼睛盯在切实可行的目标上——他具有超强的忍耐力和持之以恒的决心。

虽然他平时寡言少语，但是他却是个超群的辩论家。语言条理清晰、表达准确，在阐述自己的观点时总头头是道，不得不让人信服。

不管他有多孤僻，洛克菲勒一直有他自己的朋友圈子，而且他为人十分地真诚。

他有超凡的魄力、敢于冒险的精神、一定成功的自信。对待找工作这件事他丝毫没有任何怀疑或自怜的看法，所以能藐视所有的打击与挫折。

他始终保持理性的分析，善于制订策略，避免行为受到情感的支配。

他有耐心、有礼貌，而且还表现出令人意想不到的斗牛犬般不屈不挠的精神。

他节俭、守时、勤奋，笃信成功之信条。"我从来没有想吸烟、喝茶或者喝咖啡的欲望。"

他始终视工作为与生俱来的快乐，从来不把工作看成是毫无乐趣的苦役。

虽然生活富足，但是他却如同虔诚的清教徒一样仔细检查每天的一举一动，调整自己的各种欲望，以期从自己的生活中消除未加检点的自发行为和不可预测的因素。

他相信账本是神圣的，无论私人生活还是公司的生活都是一样，是受一笔笔账目支配的。在上面详细地记下自己每一笔收入和开支。

他乐于施舍财富，他相信自己的财富是上帝给予的。在他工作后的第一年里，就把自己6%左右的工资捐给了慈善机构。

他正直、诚信，赚钱有方，花费有道。"要去挣钱，光明磊落地挣，然后明智地花出去。"

他在事业上极少走冤枉路，只要发展时机成熟，他决不会踯躅不前。

他干起活来一本正经，不知疲倦。他告诫自己说："你的前程就系于一天天过去的日子上。"

这些就是他成功的秘密，也是他对自己子女们的忠告。他是一位智者，更是一位慈祥、教子有方的父亲。他知道，能带给孩子一生幸福的不是金钱，而是精神上的富足和良好的生活习性。他唯一的儿子和继承人——小约翰·洛克菲勒受其影响，继承了洛克菲勒的家训并将其继续传承下去。下面就是小约翰·洛克菲勒说出的家族信条：

这些信条是我和我的夫人在努力教育全家时所依据的原则。它们是先父深信不疑和处世立身的原则，它们是我在母亲膝前所学到的原则。

这些信条指引人们活得有价值，活得幸福，死得勇敢，死得安详。

如果这些信条对我的含义与对各位的含义相同的话，它们或许有助于我们的子女得到指引和鼓舞。

让我把这些信条叙述如下：

我相信个人的价值至高无上，个人有生存的权利、自由的权利和追求幸福的权利。

我相信每一项权利都意味着责任，每一次机遇都意味着义务，每一种占有都意味着职责。

我相信法律是为人而制订的，但人却不是为法律而造就的；我相信政府是人民的仆人，而不是人民的主人。

我相信劳动——无论脑力劳动还是体力劳动——是堂堂正正的；就生活而言，世界对任何人都不欠什么，但它却欠每个人一次谋生的机会。

我相信勤俭是井然有序的生活之必需，而节俭是健全的金融机制之根本，无论政府、商务或个人事务皆然。

我相信真理和公正对社会的长治久安至关重要。

我相信诺言是神圣的，一言既出，如同契约；我相信个人品质——而不是财富、权势或地位——具有至高无上的价值。

我相信提供有用的服务是人类共同职责，只有在牺牲的炼火中，自私的渣滓才能被消除，人类高尚的灵魂才能释放。

我相信全能全知、大慈大悲的上帝——不管怎样称呼上帝；而个人最大的成就、最大的幸福、最大的作为，都必须在和上帝的意志和谐一致的生活中找到。

我相信爱是世界上最伟大的事物；我相信只有爱才能压倒恨；我相信公理能够而且必将战胜强权。

不管如何表述，上述就是全世界一切善良的人们所代表的原则，不论其种族、信仰、教育、地位或职业如何，而为了这些原则，许多人正在受苦受难，献出生命。

只有在这些原则的基础上，才能建立起人人亲如兄弟，上帝亲如父辈的新世界。

——小约翰·洛克菲勒于1941年7月8日的演讲

英文版：

They are the principles on which my wife and I have tried to bring up our family. They are the principles in which my father believed and by which he governed his life. They are the principles, many of them, which I learned at my mother's knee.

They point the way to usefulness and happiness in life, to courage and peace in death.

If they mean to you what they mean to me, they may perhaps be helpful also to our sons for their guidance and inspiration.

Let me state them:

I believe in the supreme worth of the individual and in his right to life, liberty, and the pursuit of happiness.

I believe that every right implies a responsibility; every opportunity, an obligation; every possession, a duty.

I believe that the law was made for man and not man for the law; that government is the servant of the people and not their master.

I believe in the dignity of labor, whether with head or hand; that the world owes no man a living but that it owes every man an opportunity to make a living.

I believe that thrift is essential to well-ordered living and that economy is a prime requisite of a sound financial structure, whether in government, business, or personal affairs.

I believe that truth and justice are fundamental to an enduring social order.

I believe in the sacredness of a promise, that a man's word should be as good as his bond, that character—not wealth or power or position—is of supreme worth.

I believe that the rendering of useful service is the common duty of mankind and that only in the purifying fire of sacrifice is the dross of selfishness consumed and the greatness of the human soul set free.

I believe in an all-wise and all-loving God, named by whatever name, and that the individual's highest fulfillment, greatest happiness, and widest usefulness are to be found in living in harmony with His will.

I believe that love is the greatest thing in the world; that it alone can overcome hate; that right can and will triumph over might.

These are the principles, however formulated, for which all good men and women throughout the world, irrespective of race or creed, education, social position, or occupation, are standing, and for which many of them are suffering and dying.

These are the principles upon which alone a new world recognizing the brotherhood of man and the fatherhood of God can be established.

——John D. Rockefeller Jr. , for the speech of July 8th, 1941